AURA
colección

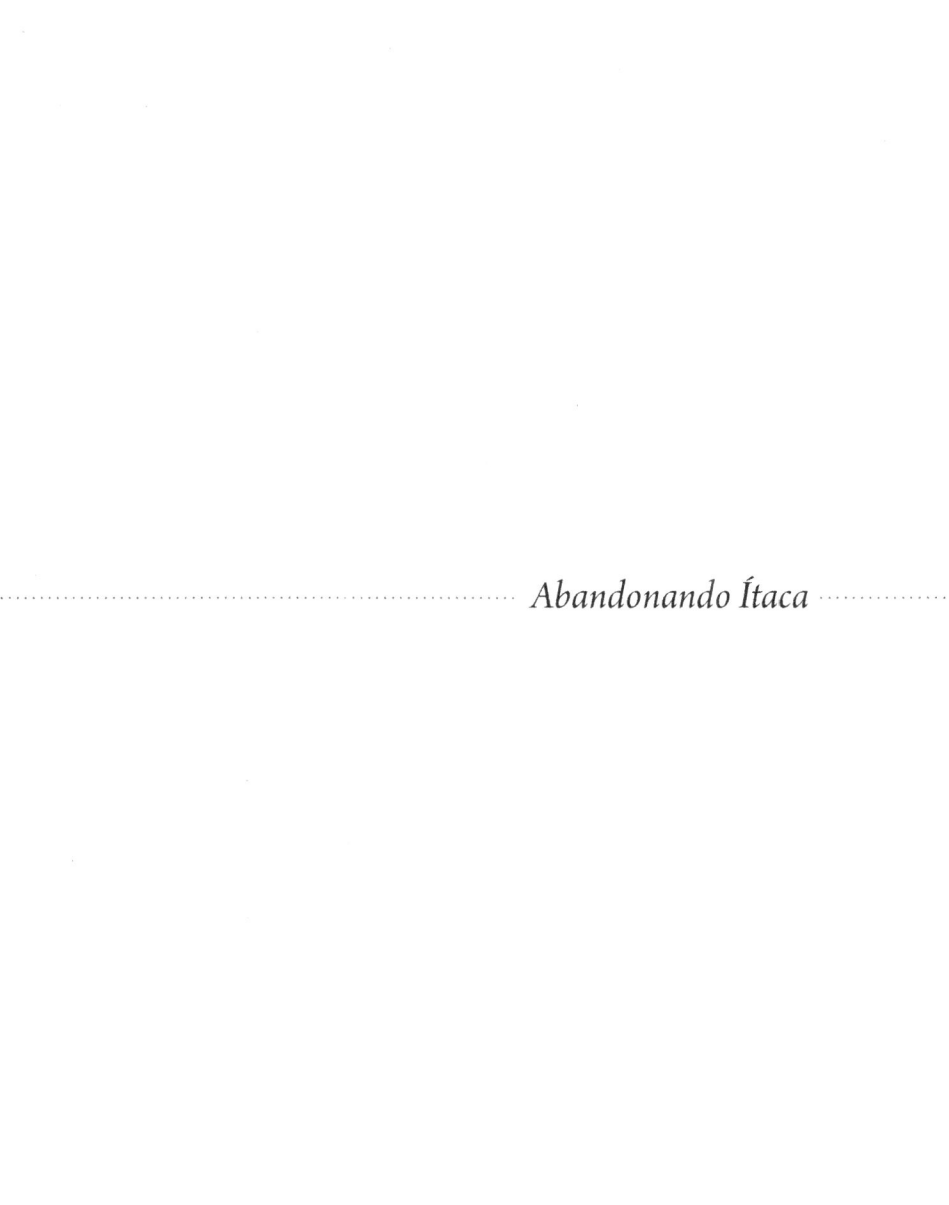

Abandonando Ítaca

Abandonando
Ítaca
Leaving Ithaca

Juan José Gómez Cadenas

Edición bilingüe · Versión española de Jenaro Talens

Prólogo de Clara Janés
Epílogo de Candelas Gala

eolas
poesía

La otra cara

JUAN JOSÉ GÓMEZ CADENAS pone hoy en nuestras manos el extenso poema titulado *Leaving Ithaca* (Abandonando Ítaca), fechado el 26 de febrero de 2024. Con su osadía habitual, que lo lleva siempre más allá, Gómez Cadenas nos sitúa en la isla de Ulises, pero dará el salto para enseñarnos la cara que, hasta ahora, ha permanecido oculta. En efecto, a través de las páginas de este libro, el lector asiste a un monólogo que relata los acontecimientos expuestos por Homero en *La Odisea*, pero con distinto punto de vista, pues esta narración acontece una vez sus protagonistas, excepto Ulises, han fallecido. Así, ya en el primer apartado de la obra, que se titula «Ghosts» (Fantasmas), nos hallamos frente a dicha tentativa. Ahora bien, en realidad no se trata exactamente de un monólogo, sino que el autor, el que escribe estos versos, se dirige a Ulises, el cual, por su enorme resistencia, sigue vivo, habiendo alcanzado ya la edad en que «los fantasmas superan en número a los vivos».

Estamos, pues, ante una cara inusitada de las sucesiones, en este caso las que atañen a Ulises, ante la soledad de la extrema vejez, que convierte en presencias las ausencias, un día seres reales, que interferían en la vida de unos y de otros. Incluso los propios actos pasados del protagonista se le aparecen ahora con distinto cariz, del que el arrepentimiento no está ausente. Así vemos como él se lamenta de no haber hecho por su madre, Anticlea, más que quemar incienso en su tumba, mientras asiste al hecho de que su padre, Laertes, le descubra en sueños su crueldad.

Movimientos semejantes experimentan la mayoría de héroes que asoman por estas páginas. Acaso Penélope, esposa de Ulises, sea la única que no ha sufrido cambio respecto a la heroína de Homero: ella sigue tejiendo y destejiendo a la espera, ¡pero cuántas cosas quedaron sin ser dichas entre los esposos!

Actos crueles, a veces realzados contra los enemigos, como el arrojar al pequeño Astianax por encima de los muros de Troya, mueven al héroe de la obra, siempre dando la vuelta a los acontecimientos, a la pregunta: ¿era necesario? Se dice, por ejemplo: ¿era necesaria la masacre de los pretendientes de Penélope, la permanencia de 7 años con Calipso o el enamoramiento de Circe? ¿Y dónde estaban ya aquellos héroes con los que asaltó Troya, Aquiles, Ajax, Diomedes ...? Todos eran meras sombras, incluidos los que fueron destruidos por cíclopes y lestrigones, dada la ira de Neptuno. Ahora poblaban el reino de los muertos. ¡Pero qué viva resultaba, sin embargo, la sombra de su hijo y de Nausica, y la del padre de ésta, que le hubiera concedido gustoso su mano! Mas no, eso pertenecía a un tiempo remoto que arrancaba el interrogante: ¿no habría sido mejor que la muerte fuera solo una llama que se extingue?

Y van apareciendo aquel juramento, Helena, Agamenón, Clitemnestra, Ifigenia, que no cesa de plantear el por qué de su sacrificio, Criseida, Briseida, Patroclo, Héctor, Aquiles, los circonios, los lotófagos, las sirenas, Telémaco, Polifemo… Y de nuevo Circe, que canta por todos con una voz que, se diría, la lira de Orfeo; con una voz que apunta como su dedo al pecho de Ulises, preguntando: ¿por qué un ser espantoso como él puede ser llamado por la belleza? Sin embargo, su voz es un espejo donde se ven sus crímenes pero también una plegaria que entraña compasión, porque «todos los hombres/ lo merezcan o no/ pueden ser redimidos».

Y al poco, también dando un salto que hace girar nuestra visión, nos acomete el impresionante final: el ancianísimo Ulises decide hacerse de nuevo al mar. Nada permanece con el correr del tiempo, lo que un día fue cercano se ha vuelto extraño y, en fin, de elegir un suicidio, el suyo sería nadar hacia el horizonte, hacia la isla de Circe. Orgullo y miedo le hicieron huir un día de su lado, pues ella lo veía en su totalidad, con sus miserias, y en sus ojos él se reconocía un monstruo. Pero había que volver al mar, dejándolo todo atrás excepto el verdadero amor.

Juan José Gómez Cadenas, físico español, profesor Ikerbasque en el Donostia International Physics Center, es además escritor en español y en inglés, ya lo demostró con su novela *Los saltimbanquis*. Repite hoy la hazaña con esta obra poética sobrecogedora.

Pocas veces se ha visto un don como el suyo, donde sabiduría, ingenio y arte forman un todo que su mano dirige y orienta al lugar más alto. Uno se pregunta dónde vive: ¿en la ciencia?, ¿en la literatura?, ¿en la búsqueda?

Sean cuales sean el lugar y el tiempo, él se alza fuera de lugar y tiempo a través de la palabra adecuada, que es expresión de un concepto huido del cerebro, el cual, como bien dijo Bergson, «es el que forma parte del mundo material y no al revés».

Celebremos, pues, esta nueva plasmación de un mito antiguo, que ha adquirido aquí vida propia, doblemente, pues a todos nos concierne.

CLARA JANÉS

A Circe

Ghosts

Unexpectedly, you have reached that age
when the ghosts outnumber the living.
They are all over the place, lurking among the shadows,
all those loved dead faces, dissolving in the mist of time.

II

Dead faces. Your mother Anticlea died in Ithaca
while you were busy, slaughtering
the sons of the women of Troy.
And yet it felt so unfair returning too late,
for anything but burning incense on her grave,
your head tainted by ashes.

III

And then Laertes. He waited for you,
and with you celebrated the carnage of the youngsters,

Fantasmas

I

Inesperadamente, has llegado a esa edad en la que los fantasmas
superan en número a los vivos. Están por todas partes,
acechando entre sombras, todos esos amados
y muertos rostros, disolviéndose en la niebla del tiempo.

II

Rostros muertos. Anticlea, tu madre, murió en Ítaca,
mientras tú estabas ocupado, masacrando a los hijos
de mujeres troyanas. Sin embargo, pareció tan injusto
regresar tan tarde para algo que no fuese
quemar incienso sobre su sepultura, con
tu cabeza manchada de ceniza.

III

Y Laertes más tarde. Te esperó,
y junto a ti celebró la carnicería de los jóvenes,

but passed shortly after. He comes often to your dreams,
as if to tell you something essential
about life and death. Something that always,
just escapes your understanding.
You, who have killed so many men,
without ever asking why.

And yet, your father was a discreet man,
and his ghost has not forgotten his manners.
He won't linger too long, and his presence never feels too heavy.

IV

Death has not changed Penelope either,
her ghost is as stubborn as the woman
who waited for you twenty years.
Every day she weaved her shroud,
just to unweave it come the night.
Weeks turning to months and months turning to years,
for two decades. Is it so surprising then,
that she keeps coming, before dawn,
to sit by your side and work her needle?

You wouldn't mind so much if, every now and then,
she would say something.

pero murió poco después. Ahora acude a tus sueños
a menudo, como si quisiera decirte algo esencial,
sobre la vida y la muerte. Algo que siempre,
simplemente escapa de tu comprensión.
Tú, que has matado a tantos hombres,
sin preguntar nunca por qué.

Sin embargo, tu padre era un hombre discreto,
y su fantasma no olvida sus modales.
No se demora demasiado, y su presencia no es fatigosa nur ca.

IV

Tampoco la muerte ha cambiado a Penélope;
su fantasma es tan obstinado como la mujer
que te estuvo esperando veinte años.
Cada día tejía su mortaja, sólo para
destejerla a su vez a la llegada de la noche.
Semanas que se convertían en meses y meses que se
      convertían en años,
y así a lo largo de dos décadas. Entonces,
¿te sorprende que siga viniendo, antes del alba,
y se siente a tu lado para usar sus agujas?

No te importaría tanto si de vez en vez,
ella dijera algo.

There was so much left unspoken between you two,
you never dared to tell,
and she never asked.
What would have been the point anyway?
Nobody tries to reckon with the deeds of a hero,
and no reasonable wife
would expect the chastity that she, instead,
was supposed to observe.

Now she is gone. She died as quietly
as she lived. But her ghost will not depart,
you have tried to explain your reasons, to justify yourself,
all in vain. She will simply come every night,
to weave and unweave,
mute and patient.

V

Dead faces. Even those of your enemies count,
they appear in your dreams, not angry, but sad,
as if asking. What was the need?
Was it really a must to throw that poor baby
from the walls of the broken city? Ah, but at the time
your heart was so full of rage, you were so proud
of your own cruelty. Now the face of the dead child

Quedó tanto sin decir entre vosotros
que tú nunca te atreviste a contar,
y que ella nunca preguntó.
De todos modos, ¿de qué habría servido?
Nadie intenta explicar las andanzas de un héroe,
y ninguna esposa razonable
esperaría la castidad que ella, en cambio,
se daba por supuesto que debía observar.

Ahora se ha ido. Murió tan en silencio
como vivió. Mas su fantasma no se irá,
has intentado explicar tus razones y justificarte,
todo en vano. Ella, paciente y muda,
volverá cada noche, simplemente
para tejer y destejer.

V

Rostros muertos. Cuentan incluso los de tus enemigos,
te aparecen en sueños, no enfadados, tristes,
como si preguntasen. ¿Crees que fue necesario?
¿Era realmente imperioso lanzar desde los muros
de la ciudad en ruinas a ese pobre bebé? Pero en aquel
    momento,
tu corazón estaba tan lleno de rabia y tú tan orgulloso,
de tu propia crueldad. Ahora el rostro

inhabits your nightmares. He is there, and with him,
all those Trojan soldiers, slaughtered as cattle,
to placate the ire of the Achaeans
and entertain the capricious gods.

VI

But most vivid of all, you see the faces of the boys,
those silly fools, that merry bunch of boozers,
who just wanted to have some fun at your expense.
True, they ate your lambs and drank your wine,
pretending to court your wife,
although in truth they didn't touch a hair of her head.
Why so much violence then, why the butchery?
In the name of what? Honour? Revenge?
Tell me: did you really had such a hard time
at Calipso's? Will you deny that Circe's love
was as burning as the very Hell you walked,
just for her sake?

del niño muerto, vive en tus pesadillas. Está ahí, y junto a él
los soldados troyanos, sacrificados como reses,
para aplacar la ira de los aqueos
y entretener el capricho de los dioses.

VI

Pero lo más vívido de todo es ver los rostros
de esos locos muchachos, esa alegre pandilla de borrachos
que tan sólo querían divertirse a tu costa. Es cierto, se
comieron tus corderos, se bebieron tu vino, pretendiendo
        cortejar a tu mujer,
aunque en realidad no le tocaron ni un cabello.
¿Por qué tanta violencia entonces, por qué la carnicería?
¿En el nombre de qué? ¿Del honor? ¿Por venganza? Dime
¿realmente lo pasaste tan mal en casa de Calipso?
¿Negarás que el amor de Circe era tan ardiente
como el mismísimo infierno
que sólo por ella recorriste?

Shadows

I

What if Ithaca means
nothing but the slow decay of old age?
Yes, you will still enjoy many a morning,
walking through the olive fields, the sun in your face,
the ripe oranges sweet in your mouth,
a crisp wind in your neck that, sometimes,
will bring you back the memories of the sirens.
Yes, it's still beautiful here, but where are they?
Those warriors that stormed with you the walls of Troy?
The divine Achilles and the powerful Ajax,
Diomedes, almost as sleek as yourself,
The sharp-eyed Teucer, the brave Menelaus?

II

Shadows,
repeating forever their old deeds,
smiling their old smiles.
Try and recall them all,

Sombras

I

¿Y si Ítaca significase
sólo el lento declive de la edad provecta?
Sí, aún disfrutarás muchas mañanas,
caminando por los campos de olivos, con el sol en el rostrc,
con las dulces naranjas maduras en la boca,
un viento fresco en el cuello, que a veces,
te traerá el recuerdo de sirenas.

Sí, aún es hermoso estar aquí, pero ¿dónde
los guerreros aquellos que asaltaron contigo
las murallas de Troya, Aquiles el divino y el poderoso Áyax.
Diomedes, casi tan astuto como tú,
el agudo Teucro, el valiente Menelao?

II

Sombras,
repitiendo para siempre sus antiguas acciones,
sonriendo con sus viejas sonrisas.
Intenta recordarlos a todos,

the bunch of you, laughing by the camp fire,
after a brutal battle, caked with mud and blood,
your heart beating with the savage joy of living,
among a field ripe with corpses.
Where are those who sailed with you,
in the ships of black bows,
and were erased by Scylla or Charybdis,
by Cyclops and Lestrigons,
or by the rage of Neptune?
Shadows,
Wraiths, smoke, dissolving atoms,
Lost in the dark prairies of the Netherworld.

III

Where is your son, anyway?
your heart warms when you invoke his memory,
but the truth is, you didn't see him growing up,
you missed his childhood, too busy with power struggles.
And that child that makes you proud,
that child that lives away, perhaps by accident,
or perhaps by choice,
is the heaviest and darkest
of all the shadows hunting you.

el grupo aquel, riendo junto al fuego
del campamento, después de una batalla brutal,
empapados de sangre y barro, con el corazón latiendo
con la salvaje alegría de vivir, entre un campo maduro de
cadáveres.
¿Dónde están los que navegaron junto a ti
en barcos de negra proa,
y fueron borrados por Escila o Caribdis,
por cíclopes y lestrigones,
o por la furia de Neptuno?
Sombras,
trazos, humo, la disolución de los átomos,
perdidos en las oscuras praderas del mundo de los muertos.

III

¿Dónde está tu hijo?
tu corazón se calienta cuando invocas
su recuerdo, pero la verdad es que no lo viste crecer,
te perdiste su infancia, demasiado ocupado
con luchas de poder. Y ese niño que te hace sentir orgulloso,
ese niño que vive lejos, quizás por accidente,
quizás por elección,
es la más pesada y oscura
de todas las sombras que te persiguen.

Nausicaa

I

Every time that you lay in the sand and close your eyes,
you see her. The beautiful princess,
playing with her maids. They were all naked,
their beauty drowning you,
more than the blue expanse which you had just,
narrowly escaped.
She did not stampede like the others,
nor was she shy. Instead, you,
who had raped so many a virgin,
could barely utter a word. True, you were also naked,
but not ashamed of your strong body.
Perhaps it was something new, for the first time,
you saw what her eyes saw watching you,
a beggar, a castaway, an old man,
begging for mercy.

Nausicaa

I

Cada vez que cierras tus ojos al tenderte en la arena,
la ves. A la hermosa princesa,
jugando con sus criadas. Todas
estaban desnudas, y su belleza te ahogaba,
más que el azul desierto del que habías
escapado por poco.
No salió en estampida como las demás,
ni fue tímida. Tú, en cambio,
que habías violado a muchas vírgenes
apenas podías pronunciar palabra. Es cierto que
también desnudo, pero no avergonzado
de tu fuerte cuerpo. Tal vez fue algo nuevo,
por primera vez viste lo que sus ojos vieron observándote,
un náufrago, un mendigo y un anciano
mendigando clemencia.

II

Did you love her? Perhaps you did
but never dared to admit it,
even to yourself. Instead,
night after night you went on, spelling out
your long journeys, your wild adventures,
the never-ending voyage that had marooned you
by her shores.

III

Did you consider to stay? Her father
would have been content marrying her daughter
to the last hero left from Troy.
But then, you had to return, for the sake of Penelope.
Or had you?
Perhaps you simply could not forget
what you saw in her face.
A young woman pitying a ruined old man.

II

¿La amabas? Tal vez sí,
pero nunca te atreviste a admitirlo,
ni siquiera a ti mismo. En su lugar,
noche tras noche seguías desgranando,
tus largas travesías y aventuras salvajes,
el viaje sin fin que te había arrojado
junto a sus costas.

III

¿Tomaste en consideración quedarte?
Su padre habría estado contento de casar a su hija
con el último héroe que quedaba de Troya.
Pero entonces, tuviste que volver,
por el bien de Penélope.
¿O fue otra la razón?
Tal vez sencillamente no pudiste olvidar lo que viste en su
    rostro.
una joven sintiendo compasión por un anciano.

Hades

I

You, who have already walked the barren fields,
and talked to the shadows that inhabit its darkness,
remember Achilles, who would have gladly swapped
his ghostly sword by the humble hoe
of any living peasant. No illusions about
what awaits you. Yet, your heart rages at the prospect.
To be a brainless, blood-thirsty wraith,
devoid of strength and passion, empty of desire!
Ah, wouldn't it be so much better,
if death would be simply a light that goes out,
as some philosophers stubbornly defend.

II

Sometimes you wonder
if your trip to Hades was real, or just
a nightmare invoked by Circe's filters.
Perhaps, with luck, there is no after life at all.
Yes, die and be no more, dissolve into nothingness,

Hades

I

Tú, que ya caminaste por los campos baldíos
y hablaste con las sombras que habitan sus tinieblas,
acuérdate de Aquiles, que gustosamente habría cambiado
su espada fantasmal por una humilde azada
de cualquier campesino. No te hagas ilusiones
sobre lo que te espera. Sin embargo, tu
corazón se enfurece ante la perspectiva.
Ser tan sólo un espectro sin cerebro, sediento de sangre,
desprovisto de fuerza y de pasión, ¡vacío de deseo!
¡Ah, si la muerte fuese simplemente una luz que se apaga,
como algunos filósofos defienden con obstinación!

II

A veces uno se pregunta,
si tu viaje al Hades fue real, o tan sólo,
una pesadilla invocada por los filtros de Circe.
Tal vez, con suerte, no haya vida después de morir.
Sí, morir y no ser, disolverse en la nada,

forgetting regret, scamping forever the ghosts
of that innocent child, of those poor boys.
Clinging, until the last instant,
to what was good in your life.
That lost first kiss among the orange trees,
her lithe body burning against yours.
The image of the girls dancing naked in the beach
and the immense eyes of your son,
offering the last redemption.

olvidar los lamentos, desechar para siempre
los fantasmas de ese niño inocente,
de esos pobres muchachos.
Aferrarte, hasta el último instante,
a lo que fue bueno en tu vida. El primer beso
perdido entre naranjos, su cuerpo menudo ardiendo contra
    el tuyo.
La imagen de muchachas bailando desnudas en la playa,
y los inmensos ojos de tu hijo,
ofreciendo la última redención.

Oath

I

For many a night you told your tale
in the court of Nausicaa's father.
A king he was, but your memory refuses to recall the name,
it happens to you more and more often, it happened first to Laertes,
you forget the name of people,
cannot recall faces anymore,
cannot say what you did yesterday.
Instead, the past paints itself with such vivid colours
that often you fear the dead are taking over the living.

II

Yes, you told them how The Great War began.
The reasons were so banal,
and yet so inevitable.
Who could not believe in destiny, remembering how it all started?
Who could not help thinking that all men are just toys of the fates?

Juramento

I

Durante muchas noches has contado tu historia,
en la corte del padre de Nausicaa.
Era un rey, pero tu memoria se niega a recordar el nombre,
te pasa cada vez más a menudo, primero le pasó a Laertes,
olvidas el nombre de las personas,
ya no puedes recordar las caras,
ni puede decir lo que hiciste ayer.
En cambio, el pasado se muestra con colores tan vivos,
que a menudo temes que los muertos se adueñen de los vivos.

II

Sí, les contaste cómo empezó la Gran Guerra.
Las razones fueron intrascendentes,
y sin embargo tan inevitables.
¿Cómo no creer en el destino, recordando cómo empezó
todo?
¿Cómo no pensar que todos los hombres son juguetes de la
fatalidad?

III

None of you, kings, did care much about Menelaus
—who was sweeter to his horses than to his wife—,
and you liked even less his brother, twisted Agamemnon.
But you were all bounded by an oath,
or at least this is what you told your wives and children,
this is what you declared in the temples, while your subjects cheered,
and the priests nodded solemnly.

IV

The oath was real. At the time of Helen's wedding,
all the pretenders were asked to swear an unbreakable bond
to the successful suitor, helping him, if the need ever arose.
And all of you committed, naming the gods as witnesses.
How could you not? Everybody was convinced
of being the chosen one. And the deal for the winner was sweet,
marry the beauty and gain the support of all the other princes,
who could resist such a bargain? Not you, proud Odysseus,
the smartest of them all.

III

Ninguno de vosotros, reyes, se preocupó por Menelao,
—que era más dulce con sus caballos que con su esposa—,
y aún menos os gustaba su hermano, el retorcido Agamenón.
Pero todos estabais atados por un juramento o, al menos,
eso dijisteis a vuestros hijos y vuestras esposas
y lo que declarasteis en los templos, mientras vitoreaban
    vuestros súbditos
y los sacerdotes asentían con solemnidad.

IV

El juramento era real. En la boda de Helena,
se pidió a los pretendientes establecer un vínculo irrompible,
con el que triunfase, ayudándole si alguna vez surgiese la
    necesidad.
Y todos os comprometisteis, poniendo por testigos a los
    Dioses.
¿Cómo podías no hacerlo? Todos estabais convencidos
de ser el elegido. Y el trato era dulce para el ganador, desposar
la belleza y ganar el apoyo de los otros príncipes,
¿quién podría resistirse a un trato así? No tú, orgulloso Ulises,
el más inteligente de todos vosotros.

V

Lately you have come to wonder
whether you were so smart after all.
Funny, now that your thoughts
are often muddled, and it takes an effort to converse,
now that you doze so much, and your spirit wanders so often,
now that you see in the eyes of family and servants,
the compassion —or is it condescended?— towards the old man,
barely disguised as respectful concern,
you have come to doubt so many things
that were so obvious in your youth.

VI

And one of them is your supposed shrewdness.
Sure, you were astute, sharp,
and far quicker than the others.
But was that such a big accomplishment?
After all, most of them were mountains of meat, like good old Ajax,
or even the divine Achilles,
all muscle and no wits.
But if you were so smart,

V

Últimamente has llegado a pensar
si eras, después de todo, tan inteligente.
Curioso, ahora que tus pensamientos,
a menudo son confusos, y necesitas un esfuerzo para
    conversar,
ahora que te adormeces tanto, y que tu espíritu deambula a
    menudo,
ahora que ves en los ojos de la familia y de los sirvientes,
la compasión —¿o es la condescendencia?— hacia el
    anciano,
apenas disfrazada de respetuosa preocupación,
has llegado a dudar de muchas cosas,
que eran tan obvias en tu juventud.

VI

Y una de ellas es tu supuesta astucia.
Claro que eras astuto, y avispado,
mucho más que los otros.
Pero ¿era un logro tan grande?
Al fin y al cabo, la mayoría de ellos eran montañas de carne,
como el bueno de Áyax, o incluso Aquiles el divino,
todo músculos y sin ningún ingenio.
Pero si eras tan inteligente,

how did you not understand that the most beautiful woman
ever to walk the Earth, would not be given
to the poor chief of a tiny island, who could only offer
goats, bravado and his wise-guy tricks?

VII

Eventually, Helen went to the best bidder,
as it always happens.
Perhaps there was some debate pondering if Achilles
would be a better choice, but truth is,
a great hero is not such a good investment
as a powerful king. Thus, Helen married the Spartan,
and all of you went home feeling cheated
—even you who had built a reputation on such art—
and with no intention of fulfilling your promises.

VIII

Except that, when Agamemnon called,
he didn't just recall your Oath,
and invoke your honour. No, he also described
wonderful Troy, city of tall walls

¿cómo no entendiste que la más hermosa mujer
que jamás pisó la Tierra, no iba a ser otorgada
al pobre jefe de un islote, que sólo podía ofrecer
cabras, bravuconadas y sus trucos de sabelotodo?

VII

Finalmente, Helena fue para el mejor postor,
como ha ocurrido siempre.
Quizás se debatiese si era una mejor opción
Aquiles, pero la verdad es que un gran héroe
no es tan buena inversión como un rey poderoso.
Así, Helena desposó al espartano,
y todos regresaron a casa sintiéndose engañados,
—incluso tú, que te habías forjado una reputación en
     engañar—
y sin ninguna intención de cumplir vuestras promesas.

VIII

Excepto que, cuando Agamenón llamó,
no solamente recordó el juramento
e invocó vuestro honor. No, también describió
una maravillosa Troya, la ciudad de altos muros

and uncountable riches. So, helping the betrayed friend
came with a nice bonus. After all, the great Achaean army
should have no problem in storming the place in a few weeks,
and the leaders would share the unimaginable spoils.

You all were easily hooked,
greed being more powerful than envy and spite,
and besides, you were all happy that Helen,
had made a cuckold of the proud Spartan,
and equally happy to avenge the offence by blood and fire,
so that your wives, and daughters and sisters,
took proper note of who was in charge.

e incontables riquezas. Así que, ayudar al amigo traicionado
vino con un buen extra. Después de todo, el gran ejército
    aqueo,
no debería tener problemas para asaltar el lugar en pocas
    semanas,
y los líderes se repartirían el inimaginable botín.

Todos se engancharon con facilidad,
al ser la codicia más poderosa que la envidia y el rencor,
y, además, para todos fue una alegría que Helena
hubiese hecho cornudo al soberbio espartano,
y os hizo felices vengar la ofensa a sangre y fuego,
para que vuestras esposas, vuestras hijas y hermanas,
tomasen buena nota de quién estaba al mando.

Sacrifice

I

The War started badly,
now that you are an old man,
bent like the ancient olive trees of your island,
you wonder how you did not see it coming,
you wonder how you were so stupid,
and so cruel.

II

That idiot, Calchas,
blaming the still winds to the caprice of the gods,
asking for a blood sacrifice.
And not any sacrifice at that,
none other than Agamemnon's daughter, Iphigenia,
had to be slaughtered to please the deities.

Sacrificio

I

La guerra empezó mal,
y ahora que eres anciano,
doblado como los antiguos olivos de tu isla,
te preguntas cómo no lo viste venir,
te preguntas cómo fuiste tan necio,
y tan cruel.

II

Ese idiota de Calchas,
culpando al capricho de los Dioses por la calma chicha,
pidiendo un sacrificio de sangre.

No cualquier sacrificio,
sino que nada menos que Ifigenia, la hija de Agamenón,
tenía que ser sacrificada para complacer a las deidades.

III

Who was paying the priest to hurt the king?
Diomedes, Nestor? You were many, and none of you
—perhaps with the exception of dim Ajax and naïve Achilles—
had good faith. But murdering an infant?
Perhaps Calchas had scores to set of his own,
perhaps the gods were really bored and wanted some fun.
Except that gods —your old age has revealed—
only exist in the imagination of men,
and thus, the blood of the princess,
stained your hands in vain.

IV

Specially your hands. You were the most insisting,
the one to declare in front of all the other kings,
that the life of a child, princess or not,
could not delay business. And it was you
who invented that sordid tale
—she was to be married to Achilles—
to attract the poor victim to her doom.

III

¿Quién pagaba al sacerdote para hacer daño al Rey?
¿Diomedes, Néstor? Erais muchos, y ninguno de vosotros,
    —quizás con excepción del obtuso de Áyax y del ingenuo
    Aquiles—
tenía buena fe. ¿Mas matar a una niña?
Tal vez Calchas tenía sus propias cuentas pendientes,
quizás los Dioses estaban realmente aburridos y querían algo
    de diversión.
Salvo que los Dioses —tu vejez lo ha revelado—,
sólo existen en la imaginación de los hombres,
y así, la sangre de la princesa,
manchó inútilmente vuestras manos.

IV

En especial *tus* manos. Fuiste el más insistente,
quien declaró delante del resto de los reyes,
que la vida de una niña, fuese princesa o no,
no podía retrasar la empresa. Y fuiste tú
quien inventó esa sórdida historia,
—que iba a casarse con Aquiles— para
atraer a la pobre víctima a su perdición.

V

Now you recall the faces of Iphigenia,
the face you saw when she stormed into the Hall,
asking for her beloved father, still believing
that she had been summoned to marry,
the greatest warrior alive. Oh, remember her eyes?
Shining like only stars can shine, smiling to you all
with the innocence of a virgin girl.

And then, the other face, still the child,
but now broken and scared,
she is asking her father why must her die,
and he is muttering sickening lies,
about gods, glory and honor,
while he presses the knife to her throat.

There is a third face, hunting you,
dead Iphigenia, her eyes opened into nothingness,
void of all emotion, except perhaps,
the last shadow of sadness.
She looks into nothing, and at the same time,
she looks straight at you, asking: why?

V

Ahora recuerdas las caras de Ifigenia,
la cara que viste cuando irrumpió en la Sala,
preguntando por su amado padre, creyendo aún
que había sido convocada para desposar
al mayor guerrero vivo. Oh, ¿recuerdas sus ojos?
Brillando como sólo brillan las estrellas, sonriéndoos a todos
con la inocencia de una muchacha virgen.

Y luego, la otra cara, todavía de niña,
pero ahora rota y asustada,
preguntando a su padre por qué debe morir,
y él murmurado mentiras enfermizas,
sobre dioses, la gloria y el honor,
mientras hunde el cuchillo en su garganta.

Una tercera cara te persigue,
la de Ifigenia muerta, con sus ojos abiertos en la nada,
vacíos de emoción, salvo, quizás,
una última sombra de tristeza.
Mira la nada y, a un tiempo,
te mira fijamente, preguntando: ¿por qué?

Arrival

I

Her death called the winds,
although you now suspect
that wind would have come anyway
sooner or later. What was the hurry?
After all, your rushing was as vain,
as the hopes of an easy win.

II

What did you expect?
Did you really think you could take Troy,
with her tall walls and brave soldiers,
with her proud king and that giant of a hero,
prince Hector, tamer of horses,
just by showing up and asking them to surrender?

Llegada

I

Su muerte llamó a los vientos,
aunque ahora sospechas que, de todos modos,
el viento habría llegado
más tarde o más temprano. ¿Para qué tanta prisa?
Después de todo, tu apuro era tan vano
como la esperanza de una victoria fácil.

II

¿Qué esperabas?
¿Realmente pensaste que podías tomar Troya,
con sus altos muros y valientes soldados,
con su orgulloso rey y ese héroe gigante,
el príncipe Héctor, domador de caballos,
mostrándote y pidiéndoles su rendición?

III

The truth is,
they almost laughed at you,
they were so powerful and strong,
as not to fear that band of barbarians,
who swarmed beyond their tall walls year after year.

IV

Come to think about it,
perhaps the doom of Troy was not your celebrated trick,
but their pride. They never thought, not for a moment,
that their enemy had a chance.
This is why they tolerated you for ten long years,
rather than hitting your army with all their might,
setting fire to your ships,
and sowing the sea with your dead bodies.

V

But then, old Priam was, in his way,
as scheming as Agamemnon,
reluctant to sacrifice too many men,
to sweep you out of their beaches forever.

III

La verdad es
que casi se burlaron de vosotros,
eran tan fuertes y tan poderosos
como para no temer a esa banda de bárbaros,
que pululaban más allá de sus altos muros cada año.

IV

Quizá, pensándolo mejor,
la perdición de Troya no fue debida a vuestro truco,
sino a su orgullo. Nunca consideraron, ni por un momento
que su enemigo tuviese alguna posibilidad.
Por eso os toleraron durante diez largos años,
en lugar de golpear a vuestro ejército con todas sus fuerzas,
incendiando vuestros barcos,
y sembrando de cadáveres el mar.

V

Y, sin embargo, el viejo Príamo era, a su manera,
tan artero como Agamenón,
reacio a sacrificar a demasiados hombres,
para barreros de sus playas para siempre.

After all, he cogitated,
defeating great Achilles would cost too much blood,
so why not simply starve them away,
why not simply weaken the barbarians with little skirmishes,
and let Apollo's sun and the plague do their work?

VI

Yes, too proud.
who on Earth would be so stupid
as to accept the gift of sworn enemies,
and carry it inside the walls?

Después de todo, pensó él,
que derrotar al gran Aquiles costaría demasiada sangre,
así que por qué no simplemente hacer que muriesen de
hambre,
¿por qué no debilitar simplemente a los bárbaros con
pequeñas escaramuzas,
y dejar que el sol de Apolo y la peste hiciesen su trabajo?

VI

Sí, demasiado orgulloso.
Quién en la Tierra sería tan estúpido,
como para aceptar un regalo de enemigos jurados,
y llevarlo detrás de las murallas?

The wasted years

I

So, ten years passed.
In his tend, the kings of Sparta,
send men to die every morning,
and order the corpses to be buried every evening,
while repeating slogans
nobody believes in any more.

II

In his palace, old Priam
pretends that the Achaeans do not exist,
or are just good sport for his many sons,
unheeding the warnings of Hector,
who seems to be the only one
to see the danger.

Los años baldíos

I

Transcurrieron así diez largos años.
La tendencia de los reyes de Esparta,
era enviar hombres a morir cada mañana,
y ordenar cada noche enterrar los cadáveres,
mientras se redoblaban las consignas,
que ya nadie creía.

II

En su palacio, el viejo Príamo,
finge que los aqueos no existen o que son
simplemente un deporte para sus muchos hijos,
sin hacer caso a Héctor,
al parecer el único
que ve el peligro.

III

In her bed, after this long decade,
Helen wonders what on Earth did she see
in that weakling, Paris,
pretty as he was, but so feeble and vain,
so chatty and banal.

IV

At night, Menelaus, of the broad shoulders,
misses his horses more than he ever missed his wife,
and Agamemnon tries to forget his guilt,
drowning it in ever bigger sins.
He now sleeps with Criseida,
knowing full well she is forbidden by Apollo,
and liable to bring unneeded trouble to his quest.
Even Achilles, who enjoys killing his share of trojans,
every working day, wonders if perhaps it is already high time,
to take his soldiers and his young lover out of the boring war,
and return home.
As for you, smart Odysseus,
what did you do besides slaughtering men and drinking wine?
Your wife was all by herself,
your son was growing up, as good as an orphan,

III

En su lecho, después de estos diez años,
Helena se pregunta qué es lo que vio
en ese Paris debilucho,
aunque era bello, sí, mas tan débil y vano,
tan charlatán, tan insignificante.

IV

De noche, Menelao, el de los anchos hombros,
echa de menos más a sus caballos que a su esposa,
y Agamenón intenta olvidar su culpa,
ahogándolo en pecados cada vez más grandes.
Ahora se acuesta con Criseida,
sabiendo muy bien que está prohibida por Apolo,
y que puede traer problemas innecesarios a su aventura.
Incluso Aquiles, que disfruta matando cada día laborable,
su cuota de troyanos, se pregunta si quizás es ya hora,
de sacar a sus soldados y a su joven amante
de la aburrida guerra,
y regresar a casa.
En cuanto a ti, astuto Ulises,
¿qué hacías además de masacrar hombres y beber vino?
Tu esposa estaba sola,
Tu hijo crecía, como un huérfano,

and you were wasting your golden years away,
unable to escape the attraction of the flame,
like a moth that flies 'round, and 'round the candle.

y tú desperdiciabas tus años dorados,
sin poder escapar de la atracción de la llama,
como una polilla que vuela dando vueltas en torno a la vela.

Briseis

I

And then, after ten years of waste,
Agamemnon had no better idea than showing off
in the worst moment. Ah, but he couldn't resist the temptation
to humiliate the great hero who, after all,
seemed to be the only one having fun in the conflict.

II

Sure enough, Achilles and his myrmidons
joined every battle,
and killed way more than their share,
but at the same time, it was so obviously
just good sport for them. The demigod had to fulfil his promise,
and was as marooned as everybody else in Ilion's shores,
but unlike the rest of you, he had no interest in the future.

Briseida

I

Y entonces, después de diez años baldíos,
Agamenón no tuvo mejor idea que presumir
en el peor momento. Ah, pero no pudo resistir la tentación
para humillar al gran héroe, que, después de todo,
parecía ser el único que se divertía en el conflicto.

II

Por supuesto, Aquiles y sus mirmidones se unieron a cada
   batalla,
y mataron mucho más de lo que les correspondía,
pero al mismo tiempo, era evidentemente para ellos
sólo un deporte. El semidiós tuvo que cumplir su promesa,
y quedó tan abandonado como todos los demás en las costas
   de Ilion,
pero, a diferencia de los demás, no estaba interesado en el
   futuro.

III

Why should he? The prophecy was as clear
as the waters of Xanto. His life was to be short and glorious,
and glory he had every day
—crunching bones and ripping bellies, piercing hearts and blasting
  skulls,
making widows and orphans by the hundreds—
while he waited for destiny.
He had no longing, and no remorse,
everything precious to him was at hand,
his men, his dearest, and that girl, Briseis,
who should have meant nothing to him —a mere slave—,
but whom he loved almost as much
as he loved Patroclus.

IV

So, Achilles was content, and that twisted king
resented him for not winning the war overnight,
as you all once hoped. Alas, he couldn't pass
the chance to hurt the hero,
while procuring himself a new toy for his evenings.

III

¿Por qué habría de estarlo? La profecía era clara,
como las aguas de Xanto. Su vida iba a ser corta y gloriosa,
y la gloria la tenía a diario,
—aplastando huesos y desgarrando vientres,
atravesando corazones y reventando cráneos,
haciendo centenares de viudas y huérfanos—,
mientras esperaba su destino.

No tenía anhelos ni remordimientos,
todo lo que le era valioso estaba al alcance de su mano,
sus hombres, sus seres queridos y esa joven, Briseida,
que no debería haber significado nada para él —una simple
    esclava—,
pero a quien amaba casi tanto como a Patroclo.

IV

Así que Aquiles estaba contento, y ese retorcido rey
se resintió por no ganar la guerra de la noche a la mañana,
como todos vosotros esperabais. Por desgracia, no pudo
dejar pasar, la oportunidad de herir al héroe,
mientras se procuraba un nuevo juguete para sus noches.

V

You, who could not tell for all the gold on Earth,
what went into your breakfast's plate this morning,
you remember instead, so vividly, the scene.
The insolent Spartan, full of himself, pumping his chest,
challenging the son of Peleus in front of all the Achaeans.
What for? Didn't the fool understand the implications?
Perhaps he did, but pride and lust
have always had their way with powerful men.
And thus Briseis went to Agamemnon's tent, and Achilles
declared his own war to be over.

V

Tú, que no podrías decir por todo el oro del mundo
lo que ha entrado en el plato de tu desayuno esta mañana,
recuerdas, sin embargo, con nitidez, la escena.
El insolente espartano, lleno de sí mismo, sacando pecho,
desafiando al hijo de Peleo delante de todos los aqueos.
¿Para qué? ¿No entendía el loco las implicaciones?
Tal vez sí, pero el orgullo y la lujuria,
siempre se han salido con la suya en hombres poderosos.
Y así Briseida fue a la tienda de Agamenón,
y Aquiles, dio por terminada su guerra personal.

Patroclus

I

That poor kid, Patroclus,
pampered, sweet and inept with weapons.
Did he think that sleeping with the demigod
was enough to make him a great warrior?
Armour and all, Hector cut him down,
as an experienced lumber cuts a young sap.
Come to think about it,
it was business as usual, every day,
Trojans and Achaeans died by scores,
each and all of them leaving behind
an ocean of tears. But such were the ways of war.

II

Others, worthier than the unfortunate boy,
had been erased by the sword of his master.
Penthesilea, to name one, that brave amazon,
who could defeat any man —including you—
with the sole exception

Patroclo

I

Ese pobre muchacho, Patroclo,
mimado, dulce e inepto con las armas.
¿Creía que acostarse con el semidiós,
bastaba para convertirlo en gran guerrero?
Con armadura y todo, Héctor lo redujo,
como un leñador con experiencia
poda una planta joven. Ahora que lo piensas
era lo mismo cada día,
todos y cada uno, aqueos y troyanos,
muriendo a centenares, iban dejando atrás,
un océano de lágrimas. Así son los caminos de la guerra.

II

La espada del héroe había aniquilado a otros
más dignos que el muchacho desafortunado.
Pentesilea, por nombrar a una sola, la valiente amazona,
que podía vencer a cualquier hombre —tú incluido—
con la única excepción

of the Peliad. And yet, like Hector,
she fought a fight that could not be won,
choosing, like the Trojan prince,
honour and death.

III

Not poor Patroclus. He was fully convinced
that Achilles's armour and reputation
would protect him. And they almost did,
but he was stupid enough to challenge the Trojan,
and paid that foolishness with his life.

IV

Instead, neither Hector, nor the Queen of amazons
hoped to defeat the invulnerable warrior, and yet,
they confronted him. Why?

So often you have wondered about the reasons,
you are not a coward, and yet,
would never have chosen certain death,
when it was not needed. Achilles did not want
to kill the brave, beautiful woman,
who was almost his equal in the battlefield,

del Pelíada. Y sin embargo, como Héctor,
luchó en una pelea que no podía ganar,
eligiendo, igual que el príncipe troyano,
el honor y la muerte.

III

No el pobre Patroclo. Estaba convencido
de que la armadura y la reputación de Aquiles
lo protegerían. Y casi lo hicieron,
pero fue tan estúpido como para desafiar al troyano,
y pagó con su vida esa locura.

IV

En cambio, ni Héctor ni la reina de las amazonas
esperaban derrotar al guerrero invulnerable
y, sin embargo, se enfrentaron a él. ¿Por qué?

A menudo te has preguntado las razones,
no eres un cobarde, y sin embargo,
nunca habrías elegido una muerte segura,
cuando no era necesario. Aquiles no quería,
matar a la valiente y hermosa mujer,
que en el campo de batalla era casi su igual,

he had no quarrel with her, except the random fact
of being in different sides in a war that was not theirs.
He cried over her dead body,
almost as much as he did when the soldier brought him
the corpse of his lover.

no tenía con ella ningún problema, excepto el hecho
    aleatorio,
de estar en bandos diferentes en una guerra que no era la
    suya.
Lloró sobre el cadáver,
casi tanto como cuando el soldado le trajo
el cuerpo de su amante.

Hector

I

He didn't want to kill Hector either.

Understanding that simple fact has taken you decades,
but you have shared your knowledge with no one.
What for? Friends and servants alike,
would shake their heads and think of the witless old man.
Everybody knows about the rage of Achilles,
everybody knows how he sought Hector
as a lion seeks a dove,
or perhaps,
as a groom seeks his bride. You were there
and heard the screams, and saw the tears,
but only now you understand that Achilles
was not crying for Patroclus,
but claiming against the gods, who forced him
to kill the only man on Earth
worthy of his love.

Héctor

I

Él tampoco quería matar a Héctor.

Comprender ese hecho tan simple te ha llevado décadas,
pero no has compartido con nadie lo que sabes.
¿Para qué? Amigos y sirvientes por igual,
sacudirían sus cabezas y pensarían en un viejo que ha perdido
el sentido.
Todo el mundo conoce la furia de Aquiles,
todo el mundo sabe cómo buscó a Héctor,
como un león busca una paloma,
o, tal vez, como un novio
busca a su prometida. Tú estabas allí
y oíste los gritos, y viste las lágrimas,
pero sólo ahora entiendes que Aquiles
no lloraba a Patroclo,
sino contra los Dioses, que le obligaron a matar
al único hombre de la Tierra,
que merecía su amor.

II

Perhaps that was the sole reason why Hector
waited for him in front of the Walls
rather than hurrying inside. Love,
that distorted, inhuman, abominable love
that runs between the heroes,
while they try to kill each other.
You also know about that fatal love,
it was only by miracle that you escaped with your life,
from Circe's island. But the truth
is that you didn't mind to die in her arms,
as Hector didn't mind to die by Achilles's hands.

III

And die he did. The Peliad slaughtered him, mercilessly,
and tied the ankles of the corpse
to his chariot, so that he could put up the cruellest show,
so that nobody suspected
of his broken heart.

II

Quizás esa era la única razón por la que Héctor,
le esperaba frente a las Murallas,
en vez de ponerse a salvo. El amor,
ese distorsionado, inhumano, abominable amor,
que existe entre los héroes,
mientras intentan matarse el uno al otro.
También conoces ese amor fatal,
pues sólo por milagro escapaste con vida,
de la isla de Circe. Pero la verdad,
es que no te habría importado morir en sus brazos,
como a manos de Aquiles a Héctor no le importó morir.

III

Y así es como murió. El hijo de Peleo lo mató, sin piedad,
y ató por los tobillos a su carro el cadáver
para dar así el más cruel espectáculo,
y de ese modo nadie sospechara
que tenía roto el corazón.

IV

And then,
after the crowds and the immortals had been pleased,
he embraced Priam and cried with him
before parting with the beloved body of Hector,
tamer of horses.

IV

Y entonces,
después de que las multitudes y los inmortales se alegrasen,
abrazó a Príamo y lloró con él,
antes de entregarle el cadáver de Héctor,
domador de caballos.

Achilles

Amazing also, how everybody is fooled,
by the stale superstition about Achilles's famous heel.
It wasn't that arrow (or the other dozen that Paris shot him)
what killed him. He had killed himself by his own hand
when he slain Hector. The arrows of the coward,
he chose as a way out. Anyone with eyes to see
would understand it. And yet,
an old man who will soon join all those famous ghosts
is the only one who knows.

Aquiles

Increíble también, que todo el mundo se deje engañar,
por la rancia superstición sobre el célebre talón de Aquiles.
No fue esa flecha (ni la otra docena que Paris le lanzó)
la que causó su muerte. Se había matado a sí mismo por su
    propia mano,
cuando mató a Héctor. Las flechas del cobarde,
fueron tan sólo un instrumento. Cualquiera con ojos para ver,
lo entendería. Y sin embargo,
un anciano que pronto se unirá a esos fantasmas célebres,
es el único que lo sabe.

Ciconians

I

At least, you are now lucid enough
not to fool yourself, as you used to
when you fancied to be the great Odysseus,
the hero, the traveller, the lover of Circe.
As you look back, all that you see
is noise and fury. A cunning, cruel thug,
who got luckier than the others.

II

Your hands were still wet with the blood of the Trojans
when you and your men were attacking the Ciconians,
in your way back home. You had no quarrel with them,
and your ships were already full with the spoils
of Ilion. Ah, but you could not miss the chance
to plunder yet another city. To what purpose?
The Ciconians fought bravely, forcing you
back to the sea. Yes, you stole even more gold and jewellery,
but gold is not edible and jewels do not quench the thirst.

Ciconios

I

Al menos, ahora eres lo bastante lúcido,
para no engañarte, como solías hacer
cuando te imaginabas ser el gran Ulises,
el héroe y el viajero y el amante de Circe.
Cuando recuerdas, todo lo que ves
es ruido y furia. Un matón cruel y astuto
que tuvo más suerte que los demás.

II

Tus manos aún estaban mojadas con sangre de troyanos,
cuando tú y tus hombres atacabais a los ciconios
en vuestro camino de regreso a casa. No tenías nada contra
    ellos,
y tus barcos ya estaban llenos del botín
de Ilion. Y sin embargo, no podías perder la oportunidad
de saquear otra ciudad. ¿Con qué propósito?
Los ciconios se defendieron con bravura, forzando
que volvieses al mar. Sí, robaste más joyas y más oro,
pero el oro no es comestible y las joyas no sacian la sed.

Worse, your ships were so overloaded
that you risked sinking. Sinking out of avarice! But at the time
you did not see the irony, you were too furious
throwing your treasure to the waves.
Singers of your feats tell the tale that nymphs came,
asking for more, and that made Poseidon angry.
Nymphs you did not see, and as your faith in the gods dwindles,
you have come to understand that men invented the immortals,
only to make sense of their own mistakes.

Peor aún, tus barcos estaban tan sobrecargados
que te arriesgaste a naufragar. ¡Sólo por avaricia! Pero en ese
    momento
no viste la ironía, estabas demasiado furioso,
lanzando a las olas tu tesoro.
Quienes cantan tus hazañas cuentan que unas ninfas
    vinieron,
pidiendo más, e hicieron enfadar a Poseidón.
Ninfas que tú no viste, y a medida que tu fe en los dioses
    disminuye,
has llegado a comprender que los hombres inventaron a los
    inmortales,
sólo para dar un sentido a sus propios errores.

Lotophags

I

Perhaps you never quite believed in the gods,
and for this reason you were always cautious and alert.
Remember the country of the Lotus eaters? All your men
were drugged and snoring five minutes after landing,
Not you. Somehow you sensed peril
in the beautiful people offering you the sweet flowers,
peril in the blue sky, in the calm water,
peril in the perfect day, which invited the traveller
to lie down in the sand, to close his tired eyes,
and sleep.
Sleep you did not. Beauty
scared you more than the single, fiery eye of Polyphemus,
those perfect, lithe bodies naked under the sun,
somehow spelled Death.

Lotófagos

I

Tal vez nunca creíste en dioses,
y por esta razón siempre estabas cauteloso y alerta.
¿Recuerdas el país de los comedores de loto? Todos tus
    hombres
estaban drogados y roncando cinco minutos después de
    desembarcar,
tú no. De alguna manera, sentías el peligro,
en las bellas personas que te ofrecían flores,
peligro en el cielo azul, en el agua tranquila,
peligro en el día perfecto, que invitaba al viajero,
a tumbarse en la arena, a cerrar sus ojos cansados
y dormir.
Tú, dormir no lo hiciste. La belleza,
te asustaba más que el único y ardiente ojo de Polifemo,
esos cuerpos perfectos y ágiles desnudos bajo el sol,
de alguna manera deletreaban Muerte.

II

Beauty and Death. When you walk along the coast
of your tiny island, listening to the cries of the seagulls,
—often you hear the voices of Ajax, of Achilles,
even of Hector, calling you from Hades—,
when you wonder among orange trees, smelling the fragrance
of the spring flowers —as sweet as the Lotus that you refused to
   eat—,
when you look at the starry sky at night,
why does your soul shiver with longing and desire,
why does your heart feel heavy and light at the same time?
Perhaps is the notion
that seagulls and flowers and stars
will still be there,
when you are gone.

Belleza y muerte. Cuando caminas por la costa
de tu pequeña isla, escuchando los gritos de las gaviotas,
—a menudo oyes las voces de Áyax, de Aquiles,
incluso de Héctor, llamándote desde el Hades—,
cuando paseas entre los naranjos, oliendo la fragancia
de las flores de primavera —tan dulces como el Loto que
    rehusaste comer—,
cuando miras el cielo estrellado durante la noche,
¿por qué tu alma se estremece de anhelo y de deseo?,
¿por qué tu corazón se siente pesado y ligero a la vez?
Tal vez sea la noción
de que gaviotas y flores y estrellas
aún seguirán ahí,
cuando tú te hayas ido.

Sirens

I

*That sense of the sacred. You and your crowd of barbarians
had it. Often, at night, when the moon was high and the wind still,
men would grow quiet. After a while, a voice would rise,
singing a sad song.
It could be the death of Hector, or the death of Achilles,
it could remember the lost ships or invoke the flames burning Troy,
lament the fate of Patroclus, or long for Hellen's beauty,
but sad always was. Men are at their best
when they sing about what they have lost.*

II

*Perhaps this is what made the sirens
so fearful and dangerous,
they simply sang the songs of men
with the purest chords.*

Sirenas

I

Ese sentido de lo sagrado. Tú y tu banda de bárbaros
lo teníais. A menudo, de noche, cuando la luna estaba alta y el
viento calmo,
los hombres se callaban. Al cabo de un rato, se alzaba una voz,
cantando una canción triste.
podría ser por la muerte de Héctor, o la muerte de Aquiles,
podía recordar las naves perdidas o invocar las llamas que
incendiaban Troya,
lamentar el destino de Patroclo o añorar la belleza de Helena,
pero siempre era triste. Los hombres están en su mejor
momento,
cuando cantan sobre lo que han perdido.

II

Quizás esto es lo que hizo que las sirenas
fuesen tan temibles y tan peligrosas,
cantaban simplemente canciones de los hombres
con acordes más puros.

Oh, how you cried tied to the ship's mast,
listening to their voice, while your deaf crew went about their
       business,
ignorant of their spell. And yet, you would do it again a thousand
       times.
If your trip had some meaning,
if passing between Scilla and Charybdis was worth the risk,
if fighting the Cyclops and the Lestrigons made sense,
was only to give you the chance
of listening to those voices,
recalling everything worth in life.

III

Those early years, when the laugh of Penelope
filled the house with joy,
the small baby, sleeping in your strong arms,
his little hands around your neck, more precious
than a necklace of Corinthian pearls.
Dawn painting the sky with Crimson, your lungs filing with the
       cool air
of a new day. The taste of olives in your mouth,
the pleasure of bread and wine after a day of hard work.
They sang of all that, and more,
they sang of rivers, and snowy mountains that you have never seen,
all void of gods but full of grace.

Oh, cómo lloraste atado al mástil de la embarcación,
escuchando su voz, mientras tu sorda tripulación se dedicaba
    a sus asuntos,
ignorando su hechizo. Y sin embargo, lo volverías a hacer mil
    veces más
si tu viaje tuviese alguna justificación,
si pasar entre Escila y Caribdis valía la pena el riesgo,
si luchar contra los cíclopes y los lestrigones tenía sentido,
era tan sólo para darte la oportunidad
de escuchar esas voces,
recordando todo lo que en la vida merece la pena.

III

Aquellos primeros años, cuando la risa de Penélope
llenaba la casa de alegría,
con el bebé, durmiendo entre tus fuertes brazos,
sus pequeñas manos en torno a tu cuello, más preciosas
que un collar de perlas corintias.
El amanecer pintando el cielo de carmesí,
tus pulmones llenándose con el aire fresco de un nuevo día
El sabor de las aceitunas en tu boca, el placer del pan y el vino
tras un día de duro trabajo. Cantaron todo eso, y más,
cantaron ríos, y montañas nevadas que nunca has visto,
todas vacías de dioses, pero llenas de gracia.

IV

They sang of all those uncountable moments
of simple happiness.
Where did all those mornings go?
What happened to that young couple that walked, hand in hand,
along the same hills you now wander in solitude.
Yes, sirens sang about the sacred,
the sacred which does not need gods or sacrifices,
the sacred, which is weaved, like Penelope's shroud
about all men's lives. Mornings, and rivers, and children,
kisses, and stars and olives,
bread and wine, and time, flowing time,
running away.

IV

Cantaron todos esos incontables momentos
de simple felicidad.
¿Adónde fueron todas esas mañanas?
Qué fue de aquella joven pareja que caminaba, cogida de la
    mano,
por las mismas colinas que ahora recorres en soledad.
Sí, las sirenas cantaban sobre lo sagrado,
lo sagrado que no necesita dioses ni sacrificios,
lo sagrado, que se teje, como el sudario de Penélope,
sobre la vida de todos los hombres.
Mañanas, ríos, niños,
besos y estrellas y aceitunas,
pan y vino, y tiempo, tiempo que fluye,
huyendo.

Telemachus

I

Every now and then your son visits the island,
bringing his family with him. Unlike you,
and perhaps because of you,
he is a devoted husband and a caring father.
He, who chose to be a farmer rather than a soldier,
a solid presence for his family rather than the ghost of a hero.

When they come, your days brighten,
and you feel as if a stone, as heavy as those
the Cyclops threw to your ships,
lifts from your heart.

Ah, walking the shores and the hills, side by side with Telemachus,
listening to his adventures, with the devotion
others listen to yours. He does nothing remarkable.
No cities conquered, no monsters defeated, no sleeping with
    sorcerers,
no descent to Hades. On the contrary, he stays close to Earth and
    Sea,

Telémaco

I

De vez en cuando, tu hijo visita la isla
y trae consigo a su familia. A diferencia de ti,
y, quizá por tu causa, es marido devoto
y un padre cariñoso. Él, que en vez de soldado
eligió ser granjero, para su familia
una presencia sólida, no el fantasma de un héroe.

Cuando llegan, tus días se iluminan,
y sientes como una piedra, tan pesada como aquellas
que los cíclopes lanzaban a tus barcos,
se levanta de tu corazón.

Ah, recorrer las orillas y las colinas, al lado de Telémaco,
escuchar sus aventuras, con la devoción
que otros escuchan las tuyas. No hace nada notable.
Ni ciudades conquistadas, ni monstruos vencidos, ni dormir
    con hechiceras,
ni descender al Hades. Por el contrario, se mantiene cerca de
    la Tierra y del Mar,

to wife and children. Yet, his humble stories
about farms and fishing, raising pigs and cows, setting a fleet
of merchant ships to sell his oil to the Phoenician and the
    Thracians,
are music to your ears.

You never talk of complex matters,
carefully avoiding the subject of Penelope,
or the butchering of the pretenders.
Sometimes he asks you for a detail
of your adventures, always, something simple, almost naive.
was Achilles really so fast?
Ajax so strong? How blue was the sea
around Calipso's island?
He is not interested in gold or blood, in honour and greed,
all those things that moved you once,
but his questions search for something,
something as subtle as the silks of Calipso,
perhaps he seeks the father he never had.
Or perhaps is just his way to let you know of his love.

de la esposa y de los hijos. Sin embargo, sus humildes
    historias
sobre las granjas y la pesca, la cría de cerdos y vacas, el crea⁻
    una flota
de barcos mercantes para vender su aceite a fenicios y a
    tracios,
son música para tus oídos.

Tú no hablas nunca de asuntos complejos,
evitando con cuidado el tema de Penélope,
o la carnicería de los pretendientes.
Algunas veces te pide un detalle
de tus aventuras, siempre, algo sencillo, casi ingenuo.
¿Era Aquiles en realidad tan rápido?
¿Ajax tan fuerte? ¿Cómo era el mar de azul
alrededor de la isla de Calipso?
No le interesan ni el oro ni la sangre ni la codicia ni el hono⁻,
todas esas cosas que una vez te conmovieron,
pero sus preguntas buscan algo,
algo tan sutil como las sedas de Calipso,
quizás busca al padre que no tuvo jamás.
O tal vez es sólo su manera de hacerte conocer su amor.

Polyphemus

I

And then, at night, by the fire,
your grandchildren climb to your lap and beg for a story.
Polyphemus! They cry. Please, grandpa, tell us,
how you defeated the monster.

II

So once and again you repeat the tale
in which the hero, all bravery and wits,
tricks the ugly beast.

This is, after all, what everybody wants to hear.
Not only the children, but also
friends visiting the palace,
merchants from all over the Islands, with their amphoras full of
*   goods,*
shepherds passing by with their herds,
servants and soldiers,
even your son and daughter in law,

Polifemo

I

Y luego, por la noche, junto al fuego,
tus nietos suben a tu regazo y te piden un cuento.
¡Polifemo! Gritan. Por favor, cuéntanos, abuelo,
cómo derrotaste al monstruo.

II

Así que repites el cuento una y otra vez,
en el que el héroe, todo valor e ingenio,
engaña a la fea bestia.

Esto es, al fin y al cabo, lo que todos quieren oír.
Y no sólo los niños,
sino también amigos que vienen al palacio,
comerciantes de todas las islas, con sus ánforas llenas de
    mercancías,
pastores que pasan con sus rebaños,
sirvientes y soldados,
incluso tu hijo y tu nuera,

they all love to sit around the hearth and imagine
big, ugly, brutal Polyphemus,
ready to eat one by one the Achaeans,
but too stupid to see through the stratagems of the hero.

And each time you spin the yarn,
the truth dissolves a little more in complacent lies,
like salt in water.
The truth —that everybody knew once,
and was so obvious, anyway. Cyclops were known to be
just the rejected children of the Olympians,
poor, unhappy and deformed, tortured
by bones who grew too large for their own good.
Their eyes were sick —they certainly had a pair, like everybody,
but often one of them was covered with dense cataracts,
certainly, that was the case of Polyphemus,
that poor, gentle, somewhat retarded child,
whose only sin was being ugly.

How come, you marvel, that nobody wonders
about your reasons to stop by the Island.
Sure, your tale argues that you needed food and water,
forgetting to mention, however, that the cyclops offered

a todos les gusta sentarse en torno al fuego
e imaginar a un Polifemo grande, feo y brutal,
listo para comerse a los aqueos uno detrás de otro,
pero demasiado estúpido para entender las estratagemas del
   héroe.

Y cada vez que estiras la madeja,
la verdad se disuelve un poco más en amables mentiras,
como la sal en el agua.
La verdad —que todo el mundo conoció una vez,
y era tan obvia, en cualquier caso—. Los cíclopes eran
   conocidos
por ser sólo los hijos rechazados del Olimpo,
pobres, deformes e infelices, torturados
por huesos que crecían demasiado para su propio bien.
Sus ojos estaban enfermos —es seguro que tenían un par,
   como cualquiera,
pero a menudo uno de ellos estaba cubierto de densas
   cataratas,
ciertamente, ese era el caso de Polifemo,
ese pobre y gentil niño algo retrasado,
cuyo único pecado era ser feo.

¿Cómo es posible, te sorprende, que nadie se pregunte
por tus razones para detenerte en la Isla?
Claro, tu relato argumenta que necesitabas comida y agua,
olvidando mencionar, sin embargo, que el cíclope ofrecía

provisions in abundance, taking just a few cheap jewels
as payment.
Forgetting too, conveniently, to explain that you suspected
they had gold hidden somewhere. And thus, witty Odysseus
decided to throw a party, get all of them drunk,
and rob their caves while they snored.

Bad luck that Polyphemus didn't drink enough,
bad luck that he had to put a fight,
and you had to use violence.
Blinding him was not as difficult as you always pretend,
you were many, and although strong,
he wasn't mean enough to stand a chance
with your gang of butcherers.
Ah, but how he cried when you stuck that beam in his sane eye,
how he called his mother and asked you why,
unable to understand why his friend Nobody had hurt him so.

That part of the story, at least, is true.
The others called: Who has blinded you?
And poor Polyphemus cried.
Nobody did.
His cries still hunt you,

provisión abundante y que aceptaba a cambio, como pago,
unas pocas baratijas.
Olvidando también, convenientemente, explicar que tú
    sospechabas
que tenía en algún lugar oro escondido. Y así, el ingenioso
    Ulises
decidió hacer una fiesta, embriagarlos a todos,
y robar sus cuevas mientras ellos roncaban.

Mala suerte que Polifemo no bebiera bastante,
mala suerte que tuviera que dar la batalla,
y tuvieses que usar la violencia.
Cegarlo no fue tan difícil como siempre pretendes,
erais muchos, y aunque fuerte,
no lo era lo bastante como para tener una oportunidad
contra tu banda de carniceros.
Ah, pero cómo lloró cuando tú le clavaste esa viga en el ojo
    sano,
cómo llamó a su madre y te preguntó por qué,
incapaz de entender por qué su amigo Nadie le había hecho
    tanto daño.

Esa parte de la historia es cierta, al menos.
Los otros llamaron: ¿Quién te ha cegado?
Y el pobre Polifemo gritó.
Nadie lo hizo.
Sus gritos te persiguen todavía,

after so many years.

Perhaps this is the reason, why, every time you tell the tale,
He becomes larger, and meaner, and his face grows teeth and a
single eye,
redder that the blood spilling from the throats
of the Trojans you and Diomedes killed for fun.

And everybody laughs and claps, and happily accept the fact,
that the victor must be surely telling the truth.

después de tantos años.

Tal vez esta sea la razón, por la cual, cada vez que cuentas tu
historia,
Él se vuelve más grande, y más mezquino, y le crecen dientes
en el rostro
y un ojo solo, más rojo que la sangre que se derrama de las
gargantas
de los troyanos que tú y Diomedes matasteis por diversión.

Y todo el mundo ríe y aplaude, y acepta felizmente el hecho
de que el vencedor debe estar diciendo seguramente la
verdad.

Circe

I

It has been such a long time.
You try to invoke her face, and all you can remember
are her burning eyes, her avid mouth.
Never much of a talked, that witch,
not once she said,
she loved you.

II

Often, you remember her singing,
like that time, when she sang in the burial of one of your men,
he was a nobody, a poor soldier who drank too much one night,
climbed to the roof, perhaps in a vain attempt
too get a closer look at the stars, then lost his foot
and felt to his death, you found him later,
roaming in Hades, the shadow of a shadow,
no more insignificant in death that what he had been in life.

Circe

I

Ha pasado mucho tiempo.
Intentas invocar su rostro, y lo único que puedes recordar
son sus ojos ardientes y su ávida boca.
Nunca ha hablado mucho, esa bruja,
ni una sola vez dijo
que te amaba.

II

A menudo, la recuerdas cantando,
como aquella vez, cuando cantó en el entierro de uno de tus
    hombres,
era un don nadie, un pobre soldado que una noche bebió
    demasiado
y se subió al tejado, quizás en un vano intento
de ver desde más cerca las estrellas, perdió el pie
y se mató al caer, lo encontrasteis más tarde,
vagando por el Hades, la sombra de una sombra,
no más insignificante en la muerte de lo que fue en su vida.

And yet, he too, once, was alive.

Circe saw that, she who had no patience with mortals,
and even less patience with men,
was, nevertheless, touched by the inescapable fact,
that the poor boy, lying on her table, his neck broken,
and wonder in his eyes, as if, in his last moment,
he had caught a true view of the constellations,
that boy, lying forever still, that thing whose shape
would not remain human for very long, was, only yesterday,
breathing under the Sun.

And when she sang, her voice was so pure,
rising high, all the way to the spheres,
singing in the night, as if nobody before her,
had sang, or cried.

Cried for the young boy lying dead at her feet,
and for all the youngsters who perished in Troy,
or were erased by Cyclops and Lestrigons,
by mermaids and storms, cut, burned, drowned,
their perfect limbs cruelly maimed,
and the light forever stolen from their eyes.

Y sin embargo, él también, una vez, estuvo vivo.

Circe lo vio, ella que no tenía paciencia con los mortales,
y aún menos con los hombres,
se sintió, sin embargo, conmovida por el hecho ineludible
de que el pobre muchacho, tendido en su mesa, con el cuello
      roto
y el asombro en sus ojos, como si en su último momento,
hubiese captado una verdadera visión de las constelaciones,
aquel niño, que yacía para siempre inmóvil, aquella cosa cuya
      forma
no seguiría siendo humana mucho tiempo, ayer mismo,
estuvo respirando bajo el Sol.

Y cuando cantaba, su voz era tan pura,
subiendo muy arriba, hasta las esferas,
cantando por la noche, como si nadie antes de ella,
hubiese cantado, o llorado.

Lloró por el joven que yacía muerto a sus pies,
y por todos los jóvenes que perecieron en Troya,
o que fueron borrados por Cíclopes y Lestrigones,
por sirenas y tormentas, cortados, quemados, hundidos,
con sus miembros perfectos cruelmente mutilados,
y la luz, para siempre robada de sus ojos.

Cried also for those old men, like your father,
whose life has been long,
except that human life is never long enough.
Old men, who depart being children again,
for all humans, as they age,
return to the time of their infancy.

And as an infant, the old man is as scared
as the boy who you slaughtered that nigh in Troy, your sword
had cut through his belly, his guts spilled out,
and he tried to hold them with his hands, and called his mother,
you didn't feel pity for him them, but he is now here,
with you (and so many of the other ghosts),
while you remember Circe.

Yes, she sang. Her eyes were closed, her breast high.
In her voice you could hear the cords of the lyre
that Orpheus played. And the song also lamented Eurydice,
who could not be rescued from the Underworld,
and lamented Hector's wife who you raped,
and lamented all those others women that were taken,
by butchers like you.

You heard her singing, and her voice was so beautiful and at the
        same time,
a finger pointed to your breast, asking why.
Your heard her singing, wondering,

Lloró también por los ancianos, como tu padre,
cuya vida ha sido larga,
aunque la vida humana nunca es bastante larga.
Los viejos, que se van siendo niños de nuevo,
pues todos los humanos, al envejecer,
regresan a su infancia.

Y como ocurre a un niño, el viejo está tan asustado,
como el muchacho que masacraste aquella noche en Troya,
tu espada atravesó su vientre, sus tripas se desparramaron,
y trató de sostenerlos con sus manos, y llamó a su madre,
no sentiste piedad por él entonces, pero ahora está aquí,
contigo (y otros tantos fantasmas),
mientras te acuerdas de Circe.

Sí, ella cantó. Sus ojos estaban cerrados, su pecho en alto.
En su voz podías escuchar las cuerdas de la lira
que tocaba Orfeo. Y la canción también lamentaba a Eurídice,
que no pudo ser rescatada del Inframundo,
y se lamentó por la esposa de Héctor a la que violaste,
y se lamentó por todas esas otras mujeres que fueron
     tomadas,
por carniceros como tú.

La escuchaste cantar, y su voz era hermosa y, a un tiempo,
un dedo señaló tu pecho, preguntando por qué.
La escuchaste cantar, preguntándote

how came that a monster like you deserved so much beauty.
A monster like you, who should not have a heart,
but a cold stone pumping his black blood, and yet, you could barely
breath,
so overwhelmed by sorrow.

Yes, she sang. Her voice was a mirror, were you saw your crimes,
but also a compassionate prayer,
and an offering of forgiveness. Her voice said
monster and all you are just a man, and all men,

deserve it or not,
can be redeemed.

cómo es que un monstruo como tú, merecía tanta
hermosura.

Un monstruo como tú, que no debería tener corazón,
sino una fría piedra bombeando su negra sangre, y sin
embargo,
abrumado por la pena, apenas podías respirar

Sí, ella cantó. Su voz era un espejo, donde veías tus crímenes,
pero también una oración compasiva,
y un ofrecimiento de perdón. Su voz dijo
monstruo o no eres solo un hombre, y todos los hombres,

lo merezcan o no,
pueden ser redimidos.

To the sea!

Today you have decided
to sail again.

Yes! To the sea! Leaving behind, this time forever,
your beloved island.

Oh Ithaca! It took you so long to return,
too long perhaps. Nothing was as you had imagined,
and how could it be? Nothing survives unchanged
twenty long years.
What did you expect? You had left a young wife,
and a baby, not old enough to walk,
you had left your healthy parents, your dog was but a puppy,
your palace was shiny and well looked after.

True, you could blame the pretenders,
for laying waste to your state. But who cares?
You made them pay dearly for their excesses,

¡Al mar!

I

Hoy has decidido,
volver a navegar.

¡Sí! ¡Al mar! Dejando atrás, esta vez para siempre,
tu amada isla.

¡Oh, Ítaca! Tardaste tanto tiempo en volver,
demasiado quizás. Nada era como habías imaginado
¿y cómo podría serlo? Nada sobrevive sin cambiar
durante veinte años.
¿Qué esperabas? Habías dejado a una joven esposa,
y a un bebé, sin edad todavía para caminar,
habías dejado a tus padres sanos, tu perro era sólo un
        cachorro,
tu palacio estaba reluciente y bien cuidado.

Es cierto, podías culpar a los pretendientes,
por arrasar tu hacienda ¿Pero a quién le importa?
Les hiciste pagar caro sus excesos,

although your revenge left you nothing but bloody hands,
and an empty heart. And then, Penelope,
still beautiful, and as pleasant as ever,
was a perfect stranger. Your mother was gone,
your father and your dog would soon follow her,
and your son, your beloved son, would not stay.

Twenty more years have passed since your return,
by all standards you should be dead now,
as all your friends,
as all your enemies
—you no longer distinguish among them,
in your memories—.
And indeed, everyone around you
is waiting, patiently,
for you to die. Perhaps only your son
cares about you, or at least,
you desperately try to believe so.

An old man, who has seen more than seventy winters,
and still, unreasonably, clings to live.
Surprisingly strong, in spite of your aches and ailments,
surprisingly lucid, in spite of the dark wine,
that helps you to find sleep every night.

aunque tu venganza no te dejó más que manos
    ensangrentadas
y un corazón vacío. Y además, Penélope,
aún hermosa, y tan agradable como siempre,
era una perfecta desconocida. Tu madre se había ido,
tu padre y tu perro pronto la seguirían, y tu hijo,
tu querido hijo, no había de quedarse.

Han pasado veinte años más desde tu regreso,
según todas las normas deberías estar muerto,
como todos tus amigos,
y tus enemigos
—en tus recuerdos
ya no distingues entre ellos—
Y de hecho, todos cuantos te rodean,
están pacientemente esperando
que mueras. Tal vez sólo su hijo, se preocupa por ti,
o al menos, desesperadamente,
tratas de creerlo.

Un anciano, que ha visto más de setenta inviernos,
y aún, irracionalmente, se aferra a vivir.
Sorprendentemente fuerte, a pesar de tus dolores y
    enfermedades,
sorprendentemente lúcido, a pesar del vino oscuro,
que le ayuda a encontrar el sueño cada noche.

II

True, other ways out could be chosen,
a small cut by the wrist would be enough
to dispatch you, painlessly, to the netherworld,
or you could mix in your wine some of the powders,
that the priests use
to ease the passing of the moribund.
Although, come to think about it, if you had to choose,
probably it would be swimming,
towards the horizon line,
towards the island of Circe.

III

Circe,
How strange, to finally admit
that you loved her.
Love her still, with all your soul,
you escaped her island out of pride,
and out of fear.
She would never, you knew,
bend her knee to your wishes,
ply herself to your whims,
concede for your sake.
Neither adulation, nor threats

II

Es cierto que podrían elegirse otras salidas,
un pequeño corte en la muñeca sería suficiente
para enviarte, sin dolor, al inframundo,
o puedes mezclar en tu vino algunos de los polvos,
que los sacerdotes utilizan
para facilitar la muerte de los moribundos.
Aunque, pensándolo bien, si tuvieses que elegir,
probablemente sería el ir nadando
hacia la línea del horizonte,
hacia la isla de Circe.

III

Circe,
Qué extraño, finalmente admitir
que la amabas.
Ámala todavía, con toda tu alma,
escapaste de su isla por orgullo
y por miedo.
Tú sabías que nunca
se inclinaría ante tus deseos,
que no se sometería a tus caprichos,
que no cedería por tu bien,
ni la adulación, ni las amenazas

would soften her.
She weighted you for what you were,
a mercenary, a villain, a thug,
could see you from inside, she knew,
how dark your soul was.

IV

Ironically,
she loved you nevertheless,
but her eyes were a mirror
where you saw, every day, your true face.
And what did you see, behind the strong jaw,
the virile nose, the firm chin?
You saw a monster
who didn't deserve to be loved.

V

And thus you fled,
told everyone how lucky you were,
how narrow your escape.
One more lie, of course,
she didn't try to retain you, didn't complain,

la ablandarían.
Ella te conocía por lo que eras,
un mercenario, un villano y un matón,
podía verte por dentro, sabía,
lo oscura que era tu alma.

IV

Irónicamente,
sin embargo, ella te amaba,
pero sus ojos eran un espejo
donde veías, a diario, tu verdadero rostro.
¿Y qué veías, detrás de la fuerte mandíbula,
la nariz viril, la barbilla firme?
Veías un monstruo,
que no merece ser amado.

V

En consecuencia huiste,
diciendo a todo el mundo lo feliz que eras,
lo que te costaba escapar.
Una mentira más, por supuesto,
No intentó retenerte, no se quejó

and didn't ask for explanations. She was Circe,
proud, beautiful and indomitable.

VI

Now the time has come
for you to try and find your way,
back to her island.
Will she still be alive?
—Goddess or not, you know full well,
that no one lives forever—.
Will she still remember you?
Will she still care?
No matter. You will return to her shores,
naked. As once you arrived to Nausicaa's island.
But this time you will wear no clothes
and no masks. You won't hide your guilt
or your sins. You will not lie,
will not ask to be accepted,
or pardoned. But if she allows you
to inhabit her house,
to sleep in a rug near her bed,
to walk by her side,
you will be content.

ni pidió explicaciones. Era Circe, orgullosa,
hermosa e indomable.

VI

Ahora llegó el momento
para que intentes encontrar tu camino,
de regreso a su isla.
¿Seguirá viva?
—Diosa o no, sabes muy bien
que nadie vive para siempre—.
¿Se acordará aún de ti?
¿Seguirá interesándose por ti?
No importa. Volverás a sus costas,
desnudo. Como una vez que llegaste a la isla de Nausicaa.
Pero esta vez no llevarás ni ropa
ni máscaras. No ocultarás tu culpa
ni tus pecados. No mentirás,
no pedirás que se te acepte,
o te perdone. Pero si ella te permite
habitar en su casa,
dormir en una alfombra cerca de su cama,
caminar a su lado,
tú te darás por satisfecho.

VII

Perhaps she still has the drug
that once let you walk through Hades
—perhaps, you have come to think,
Hades is nothing but the depths
of your tortured mind—.
You will take it again, and will release
all the ghosts chained there,
freeing all those innocents,
leaving the place, forever, empty.

VIII

Today you sail again.
Your son has offered one of his ships
and a salty crew. Even better,
he offered to sail with you.
Not that all the gold on Earth,
all the diamonds and sapphires,
all the pearl necklaces and rubies and rich silks
that you plucked from Troy,
from the city of the Circonians,
or from the caves of the Cyclops,
would be enough to pay the passage of Telemachus.
You would throw yourself to the waves

VII

Tal vez todavía ella tenga la droga,
que una vez te dejó caminar por el Hades
—quizás, has llegado a pensar,
el Hades no es más que las profundidades
de tu mente angustiada—.
La tomarás de nuevo, así soltando
a todos los fantasmas allí encadenados,
liberando a todos esos inocentes,
dejando el lugar, para siempre, vacío.

VIII

Hoy navegas de nuevo.
Tu hijo te ha ofrecido uno de sus barcos
y una tripulación muy preparada. Incluso mejor,
se ofreció a navegar contigo.
Ni todo el oro de la Tierra,
ni todos los diamantes y zafiros,
ni todos los collares de perlas y rubíes ni las ricas sedas
que arrancaste de Troya,
de la ciudad de los ciconios
o de las cuevas de los cíclopes,
sería suficiente para pagar el pasaje de Telémaco.
Te lanzarías a las olas,

before letting him sail with you,
he belongs to his family, he will stay,
and be the father you never were.
But how sweet his offer in your heart,
like honey in Penelope's kisses,
so many springs ago.

IX

Yes! To the sea!
Leaving behind fear,
leaving behind remorse,
leaving behind home.
To find true love,
to find Circe.

antes de dejarle navegar contigo,
pertenece a esta familia, ha de quedarse,
y será el padre que tú nunca fuiste.
Pero qué dulce su oferta en tu corazón,
como la miel en los besos de Penélope,
hace ya tantas primaveras.

IX

¡Sí! ¡Al mar!,
dejando atrás el miedo,
dejando los remordimientos
dejando el hogar.
Para encontrar el verdadero amor,
para encontrar a Circe.

Leaving Ithaca. A Reading

No *"sleeping on his laurels for this Odysseus!"* ... *because he is leaving Ithaca, the Greek island where his Homeric counterpart returned after a twenty-year absence and after overcoming many obstacles.*

Why is this Odysseus leaving the site of home and family, of love and well-deserved relaxation after a life journey filled with perils, a place where his name was recognized as that of one of the greatest heroes of the land?

And where is he heading to?

And why is he resorting to the mouthpiece of Odysseus, the Homeric hero?

Undoubtedly, the Odyssey is one of those grand narratives that, as François Lyotard convincingly stated, have ruled Western consciousness and culture. Significantly, the unmistakable figure of Odysseus is also "Outis" or Nobody, as he cleverly told the giant Polyphemus. He is thus a prototype for Everyman in his life journey. Within this frame, all the characters and events described in each of the nineteen sections of this poem work as correlatives of existential figures and events affecting Everyman's life. And the protagonist of this discourse is an aged Odysseus who, back in Ithaca, witnesses his active life become memory and reflection because this prodigal son who has returned "está de vuelta de todo" [has been there and done that]. His recollections, that the nineteen sections of this poem describe in detail, present the point of view of a life filtered through memory and time. By remembering and describing his lived experiences, this Odysseus extends their existence and makes them present, adding meaning in the process; meaning and signification that are the result of this speaker's analysis of his perceptions of past events which, in the present time as an aged man get mixed with "interior" impressions and feelings. Deixis as it relates to time, space, and with Odysseus as the actor of the discourse, is a fertile instrument in making present his past life and filling it with semiotic weight, and, also in allowing us readers to feel the very direct, bodily, affective presence of the speaker himself.

Odysseus's memories and reflections are charged with a great deal of regret on two accounts: for all the things missed during his absence while fighting the Trojan war —his parents' death, the love and company of his wife, the growing-up years of his son—, and for all the people he slaughtered as a warrior. Either by absence or by presence, this Odysseus has missed and destroyed life and, as an old man, he recognizes the impossibility of recovering time lost and rectifying wrongdoings. He recognizes, as well, the error in judgment of his youthful years when fighting was the way to achieve honor and fame while now, in old age and with death approaching, such outcomes are mere forms of vanitas.

As his maturity allows him to see, his humanity and that of the enemy were connected in ways he was unable to recognize while involved in the war. Such is the case with Anticlea, his mother, who died while he was "slaughtering / the sons of the women of Troy". Mothers in both bands were separated from their sons and eventually lost their own lives, either physically or emotionally. Just as Odysseus is reduced to burn incense on his mother's grave, having missed her death and funereal rites, the many Trojan mothers were forced to see the youthful bodies of their sons reduced to ashes. A way to redeem the wrong is manifested in Odysseus's extreme care for his son Telemachus, keeping him away from any possible war confrontations and valuing his peaceful life as a farmer and devoted husband and father. In this one case, among others, reflection leads this Odysseus to break away from the expected behavior of a father wanting the son to follow in his footsteps.

The acutest torment for this aged Odysseus, acclaimed by all for his bravery, intelligence, and shrewdness, comes from the fact that the same deeds for which he is glorified are the ones for which he is asked to reckon by the dead faces of all the enemies he killed populating his thoughts. Why were they slaughtered? all those ghosts ask. Likewise with his war companions all dead now. In a ubi sunt lamenting the loss of their bodies present in all their vigor and vitality, Odysseus names Achilles, Ajax, Diomedes, Teucer, Menelaus, hoping to impede their dissolving into shadows by the mere act of naming. But their bravery and life force, their bodies covered with the mud and blood of fighting, has now been fixated into frozen models of long-past values.

As he recalls the episode with Nausicaa, his pride, a major cause of his present reckoning, comes to the surface. *Appearing naked in front of the young, beautiful woman who takes him to be a beggar because of his appearance, Odysseus is fully aware of his diminished physique. The way to compensate is the word: he tells stories of his exploits in the war, his* batallitas *"spelling out, / [his] long journeys, [his] wild adventures" so that reduced physicality recedes to leave room for words: language takes over lived experience.*

The major reckoning comes with the question: why did the war start? Was it inevitable, an event dictated by destiny thus turning men into "just toys of the fates"? Are the Gods a figment of men's imagination, a means to justify things that would otherwise be unjustifiable? The banality of the reasons makes the many sacrifices and lost lives involved unbearable to fathom. Because wasn't it futile to expect Helen to remain with Menelaus, an insignificant chief of a small island whose only goods were "goats, bravado and his wise-guy tricks"? And what about Helen remaining captivated by Paris when his feebleness and vanity were so plainly obvious? And Troy, that city that Agamemnon described so beautifully that Odysseus and his friends, moved by greed and excessive bravado, decided to conquer it? Why not admit that the decision to go to war was also the result of base, unadulterated machismo *aimed at showing that no woman would cuckold her husband the way Helen did with Menelaus?*

How can any of these motives be transmuted into nobility, honor, and justice?

If Odysseus and his friends sinned of excessive self-confidence, convinced of their prowess to conquer Troy without much effort, the

Trojans, in turn, with heroes of Hector's caliber also fell victims of their hubris. Perceiving the Greeks as barbarians, they fell for Odysseus's trick with the Trojan horse. However, Odysseus is quick in deconstructing the accepted belief that the prevailing reason for their victory was his shrewdness with the horse: Hector's all too human pride played a major role in it. Both bands failed in their evaluation of one another, and their error in judgment resulted in a long and tragic war and much life wasted.

To read about such renowned heroes as Achilles and Agamemnon quarrelling about their slaves, Chryseis and Briseis, their effect on the outcome of the war, and the role played by Patroclus in all of this, leads one to conclude that the grand narratives about such so-called heroes were false constructions geared to veiled human passions. And Odysseus' reflections lead him deep into his friends' motivations when he recognizes that Achilles did not truly want to kill Hector. Both were human beings thrown into a situation which forced them to behave as expected from war heroes, adapting their human feelings, passions and desires into self-negating patterns that tradition modelled for them. Duty, hubris, lust, fame took the lead over the feelings that life was patterning for them. The decisions and actions of Odysseus, for which he won the reputation of being smart, a great leader and warrior, when measured now by the rule of life, fall quite short. With Macbeth, Odysseus perceives that all the yesterdays have "lighted fools" to their deaths, and that life is "but a walking shadow, a poor player / that struts and frets his hour upon the stage / and then is heard no more: it is a tale / told by an idiot, full of sound and fury, / signifying nothing".

He finds himself in what could be rightly called a "postmodern condition", echoing Francois Lyotard famous work, because, as the French theorist said, he has become incredulous about the "grand narratives" that sustained his youth, such as the value of fighting for the glory of nation and self. He now sees how such aspirations were based on fatuous, banal beliefs that had more to do with vanity and hubris than with nobility, generosity of spirit, justice, and righteousness. Led by motives wrongly presented as worthy ideals, Odysseus sees now how they eclipsed the ultimate value and meaning of life —the sacred— understood as the essential reality of life with Penelope and his son Telemachus, and with surrounding nature.

Is Odysseus now going to attempt to recover the time lost with Penelope, the loyal wife who waited for his return for twenty years? Or would such decision be part of what societal rules dictated for him throughout his life? His reckoning of his past actions and of the value systems that have ruled his behavior will lead him in a contrary direction, towards Circe, the antithesis or other side of Penelope.

Yes, because Penelope and Circe may be viewed as two sides of the same coin. Both are weavers, but of a very different kind. If we credit the classical accounts of Circe in Western culture, we would be advised to stay away from a woman who is dangerous, evil, the archetype of a predatory female. Her depiction as a witch has somewhat changed with time when the existence of witches was questioned, but that change has not freed her of a negative reputation as a delusional and sexually-free woman. She did change Odysseus's men into swine, as if she had anticipated the often modern appellative of men as "pigs" by females reacting against excessive patri-

archal machismo. *But she also gave Odysseus useful advice about descending into Hades to gain knowledge about the ways of gods and how to return home safely. She herself was highly knowledgeable about herbs and potions, a* polypharmakos *according to one of her Homeric epithets. Her name evokes the circle of cirque, which he represents in her cosmic spinning wheel. Homer called her Circe of the Braided Tresses, suggesting in the knots and braids of her hair the forces of creation and destruction. Her weaving had the power to rule the stars ad men's fates.*

Penelope was also a spinner, threading a shroud that she repeatedly wove and unwove. While Circe's spinning was transformative and changing, Penelope's vicious cycle of repetition of the same could not compete with Circe's unpredictable and forever renewable weaving.

Choosing to follow Circe's direction breaks away from expectations. Odysseus gives up the safety and security of the home in Ithaca, the loyalty and fidelity of a wife, for a situation as potentially surprising and unexpected as the changing sea. Penelope will serve him with a textile/text of predictable threads whose linearity will end in death; but the knots and twists in Circe's hair will take him into circuitous, unpredictable, even dangerous but living pathways where the unexpected contains vital plenitude implying chance and probability, but also ongoing creativity.

CANDELAS GALA

Abandonando Ítaca. *Una lectura*

Nada de «dormirse en los laureles para este Ulises»... porque abandone Ítaca, la isla griega a la que su homólogo homérico regresó tras veinte años de ausencia y después de superar muchos obstáculos.

¿Por qué este Ulises abandona el lugar adonde está su hogar y su familia, el amor y el merecido descanso tras un viaje vital lleno de peligros, un lugar donde su nombre fue reconocido como el de uno de los mayores héroes de la tierra?

¿Y a dónde se dirige?

¿Y por qué recurre al portavoz de Ulises, el héroe homérico?

Sin duda, la *Odisea* es una de esas grandes narraciones que, como afirmó convincentemente François Lyotard, han gobernado la conciencia y la cultura occidentales. Es significativo que la figura inconfundible de Ulises sea también «Outis» o Nadie, como le dijo astutamente al gigante Polifemo. Es, por tanto, un prototipo de todo hombre en su viaje vital. Dentro de este marco, todos los personajes y acontecimientos descritos en cada una de las diecinueve secciones de este poema funcionan como correlativos de figuras y acontecimientos existenciales que afectan a la vida de cualquier hombre. Y el protagonista de este discurso es un Ulises envejecido que, de vuelta a Ítaca, asiste a su vida activa convertida en memoria y reflexión porque este hijo pródigo que ha vuelto «está de vuelta de todo».

Sus recuerdos, que las diecinueve secciones de este poema describen con detalle, presentan el punto de vista de una vida filtrada por la memoria y el tiempo. Al recordar y describir sus experiencias vividas, este Ulises amplía su existencia y las hace presentes, añadiendo significado en el proceso; significado y significación que son el resultado del análisis de este hablante de sus percepciones de los acontecimientos pasados que, en el tiempo presente como hombre envejecido se mezclan con impresiones y sentimientos «interiores». La deixis en relación con el tiempo, el espacio, y con Ulises como actor del discurso, es un instrumento fértil para hacer presente su vida pasada y llenarla de peso semiótico, y, también, para permitirnos a los lectores sentir la presencia muy directa, corporal y afectiva del propio hablante.

Los recuerdos y reflexiones de Ulises están cargados de un gran pesar por dos motivos: por todo lo que se perdió durante su ausencia mientras luchaba en la guerra de Troya —la muerte de sus padres, el amor y la compañía de su esposa, los años de crecimiento de su hijo—, y por toda la gente que masacró como guerrero. Ya sea por ausencia o por presencia, este Ulises ha añorado y destruido la vida y, como anciano, reconoce la imposibilidad de recuperar el tiempo perdido y de rectificar los errores. Reconoce, además, el error de juicio de sus años de juventud, cuando luchar era la forma de alcanzar el honor y la fama, mientras que ahora, en la vejez y con la muerte acercándose, tales resultados son meras formas de *vanitas*.

Como su madurez le permite ver, su humanidad y la del enemigo estaban conectadas de formas que no pudo reconocer mientras estaba involucrado en la guerra. Tal es el caso de Anticlea, su madre, que murió mientras él estaba «masacrando a los hijos / de mujeres troyanas». Las madres de ambos bandos fueron separadas de sus hijos y acabaron perdiendo la vida, ya sea física o emocionalmente. Al igual que Ulises se ve reducido a quemar incienso en la tumba de su madre, al haberse perdido su muerte y los ritos fúnebres, las numerosas madres troyanas se vieron obligadas a ver los cuerpos juveniles de sus hijos reducidos a cenizas. Una forma de redimir el agravio se manifiesta en el extremo cuidado de Ulises por su hijo Telémaco, manteniéndolo alejado de cualquier posible enfrentamiento bélico y valorando su apacible vida de agricultor y devoto esposo y padre. En este caso, entre otros, la reflexión lleva a este Ulises a romper con el comportamiento esperado de un padre que quiere que el hijo siga sus pasos.

El tormento más agudo para este anciano Ulises, aclamado por todos por su valentía, inteligencia y astucia, proviene del hecho de que las mismas hazañas por las que es glorificado son las que los rostros muertos de todos los enemigos que mató poblando sus pensamientos le piden cuentas. ¿Por qué los mataron? se preguntan todos esos fantasmas. Lo mismo ocurre con sus compañeros de guerra, todos muertos ya. En un *ubi sunt* lamentando la pérdida de sus cuerpos presentes en todo su vigor y vitalidad, Ulises nombra a Aquiles, Áyax, Diomedes, Teucro, Menelao, con la esperanza de impedir su disolución en sombras por el mero hecho de nombrarlos. Pero su valentía y fuerza vital, sus cuerpos cubiertos de barro y sangre de la lucha, se han fijado en modelos congelados de valores pasados.

Al recordar el episodio de Nausicaa, aflora su orgullo, causa principal de su actual ajuste de cuentas. Al aparecer desnudo ante la joven y bella mujer, que lo toma por un mendigo debido a su aspecto, Ulises es plenamente consciente de su físico disminuido. La forma de compensarlo es la palabra: cuenta historias de sus hazañas en la guerra, sus *batallitas* «deletreando, / [sus] largos viajes, [sus] salvajes aventuras», de modo que el físico reducido retrocede para dejar espacio a las palabras: el lenguaje se apodera de la experiencia vivida.

El mayor ajuste de cuentas se produce con la pregunta: ¿por qué empezó la guerra? ¿Fue inevitable, un acontecimiento dictado por el destino que convirtió a los hombres en «simples juguetes del destino»? ¿Son los dioses un producto de la imaginación de los hombres, un medio para justificar cosas que de otro modo serían injustificables? La banalidad de las razones hace insoportable la cantidad de sacrificios y de vidas perdidas. Porque, ¿no era inútil esperar que Helena permaneciera con Menelao, un insignificante jefe de una pequeña isla cuyos únicos bienes eran «las cabras, las bravuconadas y sus trucos de sabelotodo»? ¿Y qué hay de que Helena siga cautivada por Paris cuando su debilidad y vanidad eran tan evidentes? ¿Y Troya, esa ciudad que Agamenón describió con tanta belleza que Ulises y sus amigos, movidos por la codicia y el exceso de chulería, decidieron conquistar? ¿Por qué no admitir que la decisión de ir a la guerra fue también el resultado de un *machismo* vil y no adulterado que pretendía demostrar que ninguna mujer le pondría cuernos a su marido como lo hizo Helena con Menelao?

¿Cómo puede cualquiera de estos motivos transmutarse en nobleza, honor y justicia?

Si Ulises y sus amigos pecaron de exceso de confianza en sí mismos, convencidos de su proeza para conquistar Troya sin mucho esfuerzo, los troyanos, a su vez, con héroes del calibre de Héctor, también fueron víctimas de su arrogancia. Percibiendo a los griegos como bárbaros, cayeron en la trampa de Ulises con el caballo troyano. Sin embargo, Ulises se apresura a deconstruir la creencia aceptada de que la razón predominante de su victoria fue su astucia con el caballo: el orgullo demasiado humano de Héctor desempeñó un papel importante en ella. Ambos bandos fallaron en su evaluación del otro, y su error de juicio resultó en una larga y trágica guerra y en muchas vidas desperdiciadas.

Leer sobre héroes tan renombrados como Aquiles y Agamenón discutiendo sobre sus esclavas, Criseida y Briseida, su efecto en el resultado de la guerra, y el papel desempeñado por Patroclo en todo ello, le lleva a uno a concluir que las grandes narraciones sobre esos supuestos héroes eran falsas construcciones orientadas a velar las pasiones humanas. Y las reflexiones de Ulises le llevan a profundizar en las motivaciones de sus amigos cuando reconoce que Aquiles no quería realmente matar a Héctor. Ambos eran seres humanos arrojados a una situación que les obligaba a comportarse como se espera de los héroes de guerra, adaptando sus sentimientos, pasiones y deseos humanos a los patrones de autonegación que la tradición les modelaba. El deber, la arrogancia, la lujuria y la fama se impusieron a los sentimientos que la vida les marcaba. Las decisiones y acciones de Ulises, por las que se ganó la reputación de ser inteligente, un gran líder y guerrero, cuando se miden ahora por la regla de la vida, se quedan bastante cortas. Junto a Macbeth, Ulises percibe que todos los ayeres han «alumbrado a los tontos» hacia su muerte, y que la vida no es «más que una sombra que camina, un pobre jugador / que se pavonea y se agita sobre el escenario / y luego no se le oye más: es un cuento / contado por un loco, lleno de ruido y furia, / que nada significa».

Se encuentra en lo que podría llamarse, con razón, una «condición posmoderna», haciéndose eco de la famosa obra de François Lyotard, porque, como dijo el teórico francés, se ha vuelto incrédulo respecto a los «grandes relatos» que sostenían su juventud, como el valor de luchar por la gloria de la nación y del yo. Ahora ve cómo esas aspiraciones se basaban en creencias fatuas y banales que tenían más que ver con la vanidad y la arrogancia que con la nobleza, la generosidad de espíritu, la justicia y la rectitud. Guiado por motivos presentados erróneamente como ideales dignos, Ulises ve ahora cómo eclipsan el valor y el sentido últimos de la vida —lo sagrado—, entendido como la realidad esencial de la vida con Penélope y su hijo Telémaco, y con la naturaleza circundante.

¿Intentará ahora Ulises recuperar el tiempo perdido con Penélope, la fiel esposa que esperó su regreso durante veinte años? ¿O será esa decisión parte de lo que las reglas de la sociedad le han dictado a lo largo de su vida? Su recuento de sus acciones pasadas y de los sistemas de valores que han regido su comportamiento le llevará en dirección contraria, hacia Circe, la antítesis o el otro lado de Penélope.

Sí, porque Penélope y Circe pueden verse como dos caras de la misma moneda. Ambas son tejedoras, pero de un tipo muy diferente. Si damos crédito a los relatos clásicos de Circe en la cultura occidental, se nos aconsejaría alejarnos de una mujer peligrosa, malvada, el arquetipo de una hembra depredadora. Su representación como bruja ha cambiado un poco con el tiempo, cuando se cuestionó la existencia de las brujas, pero ese cambio no la ha librado de una reputación negativa como mujer delirante y sexualmente libre. Cambió a los hombres de Ulises por cerdos, como si se hubiera anticipado al apelativo moderno de «cerdos» que suelen utilizar las mujeres que reaccionan contra el excesivo *machismo* patriarcal. Pero también dio a Ulises consejos útiles sobre el descenso al Hades para adquirir conocimientos sobre los caminos de los dioses y cómo volver a casa sano y salvo. Ella misma era una gran conocedora de las hierbas y las pociones, una *polifarmakos* según uno de sus epítetos homéricos. Su nombre evoca el círculo de Circe, que representa en su rueca cósmica. Homero la llamó Circe de las trenzas, sugiriendo en los nudos y trenzas de su cabello las fuerzas de creación y destrucción. Su tejido tenía el poder de gobernar las estrellas y los destinos de los hombres.

Penélope también era hilandera, enhebrando un sudario que tejía y destejía repetidamente. Mientras que el hilado de Circe era transformador y cambiante, el círculo vicioso de Penélope de repetición de lo mismo no podía competir con el tejido imprevisible y siempre renovable de Circe.

Elegir la senda de Circe rompe con las expectativas. Ulises renuncia a la seguridad del hogar en Ítaca, a la lealtad y fidelidad de una esposa, por una situación tan potencialmente sorprendente e inesperada como el cambio del mar. Penélope le servirá un tejido/texto de hilos predecibles cuya linealidad acabará en la muerte; pero los nudos y giros de Circe le llevarán por caminos tortuosos, impredecibles, incluso peligrosos, pero vivos, donde lo inesperado contiene una plenitud vital que implica azar y probabilidad, pero también creatividad permanente.

Candelas Gala
(traducción de Jenaro Talens)

Ulises revisited

I first encountered Ulises as a child, during a short stay in Cartagena —my personal Ithaca, which I left early and revisited only briefly thereafter. My cousin, Pedro José —four years mys enior and no less heroic to me than the legendary Greek— introduced him to me. Pedro brought to life Scylla and Charybdis, Cyclops and Laestrygonians, Sirens and Lotus Eaters, awakening an enduring fascination with the sailor who called himself Nobody. That fascination grew stronger a few years later, when, on my fourteenth birthday, my father presented me with a magnificent edition of The Iliad *and* The Odyssey. *Reading* The Iliad *left me on the Trojans' side, drawn especially to that tragic hero, Hector, tamer of horses —my son's namesake.* The Odyssey, *however, made me pity poor Polyphemus and recoil at the hero's needless cruelty: was it really necessary, after slaughtering the suitors, to hang also the household maids just for being a bit loose? I believe that was when the seed of this poem was planted, half a century ago, though it still needed the passage of time to grow.*

About five years ago, on turning sixty, it struck me that perhaps the hero was around my age when he returned to his island. Why not? He must have been near forty when he left for Troy, besieged it for a decade, and took it by a cunning ruse. Another ten years went by before he finally washed a shore by Nausicaa's beach, and later smuggled himself back home, easily passing for an old beggar.

The Odyssey ends after the carnage of the suitors and a somewhat chilly reunion with his long-neglected wife. But what followed after the curtain fell? The second seed of this poem was the notion of an eighty-year-old Ulysses, returned home for two decades, suddenly aware that the ghosts outnumber the living. But why a poem? It's no rhetorical question: four years ago, I thought of writing a novel —an idea I still toy with —like Robert Graves's Homer's Daughter. And why in English? The answer to both questions involves Jenaro Talens. Two decades back (a trip to Ithaca), over lunch at his Geneva home, a group of us argued excitedly and half-tipsy, about what makes great poetry. Jenaro, who prefers writing to debating, let us run out of steam before opening a book by Eugénio de Andrade and reading aloud, ending all discussion and leaving us enthralled. That, undeniably, was poetry. Ultimately, a poem is a story that moves us —questioning what we know and feel, offering the ineffable, and pushing us precariously close to the abyss. A poem is a dubious promise, guiding us to Avalon while ferrying us across the Styx, both kiss and dagger. It is all this, and it is also a song. A song demands rhyme, rhythm, lament, and incantation. Some poets —Jenaro among them— can craft this effortlessly in their own tongue; I cannot. Hence my choice of English, as an alibi

—fortunately so, since he is the one who has rendered it into Spanish. Re-reading my Ulysses in his pristine verses is like roaming once again from the beaches of Troy to the distant shores of home, hearing anew my older cousin's voice.

Ulises revisitado

Oí hablar de Ulises por primera vez siendo muy niño, durante unas vacaciones en Cartagena, la Ítaca de la que me fui pronto y a la que no regresé nunca, salvo de visita. Me lo descubrió mi primo Pedro José, unos años mi senior, a quién yo idolatraba. A lo largo de muchas noches insomnes, me habló de Escila y Caribdis, de cíclopes y lestrigones, de sirenas y lotófagos, despertando en mi imaginación infantil una fascinación imperecedera por el marino que se hacía llamar Nadie. Una fascinación que no hizo sino aumentar cuando cayó en mis manos —regalo de mi padre para mi catorceavo aniversario— una magnífica edición de *La Ilíada* y *La Odisea,* que leí con devoción en unos pocos días y he seguido releyendo desde entonces. La lectura de *La Ilíada* me hizo decantarme por los troyanos y por aquel héroe trágico, Héctor, domador de caballos, cuyo nombre lleva mi hijo. Con *La Odisea*, me sorprendí a mí mismo tomando partido por el pobre Polifemo y escandalizándome con la innecesaria crueldad del héroe, que no contento con masacrar a los pretendientes, ahorcaba sin piedad a las sirvientas de su hacienda, cuyo único pecado había sido ser algo casquivanas. Creo que es correcto, por tanto, asegurar que la semilla de este poema, fue plantada hace medio siglo. Pero faltaba un elemento, que requería, precisamente, el paso del tiempo.

Hace casi un lustro, al cumplir los sesenta, se me ocurrió la peregrina idea de que quizás el héroe tendría una edad similar a la mía cuando regresó a su isla. ¿Por qué no? Después de todo no es descabellado imaginar que rondara la cuarentena cuando parte hacia Troya. Sabemos que desperdicia toda una década asediando Ilión hasta tomarla al asalto, sirviéndose de un truco sucio. Luego comienza el viaje de regreso que, presumiblemente, abarca otros diez años. De ahí que el hombre que naufraga en las playas de Nausicaa y finalmente desembarca clandestinamente en su propia tierra, no tenga dificultades en hacerse pasar por un viejo mendigo.

La Odisea termina después de la carnicería de los pretendientes y el reencuentro —un poco frío— con la fiel y abandonada esposa. ¿Pero qué fue de ellos tras correrse el telón? La segunda semilla de este poema fue imaginar a Ulises veinte años después de su regreso, un octogenario que, inesperadamente, ha llegado a esa edad en la que los fantasmas superan en número a los vivos. Pero, ¿por qué un poema? No es una pregunta retórica, hace cuatro años me plantee escribir una novela —la idea todavía me ronda— siguiendo el ejemplo de Robert Graves en *La hija de Homero*. Y aún más: ¿por qué en inglés?

La respuesta a las dos preguntas pasa por Jenaro Talens. Hace dos décadas (un viaje a Ítaca), durante una comida en su casa de Ginebra, un grupo de amigos debatíamos animadamente, opinando, con fervor y poco enjundia —y algo ebrios— sobre qué, exactamente, definía un gran poema. Jenaro, más amigo de escribir que de opinar, nos dejó desfogarnos un buen rato. Finalmente abrió un libro de Eugénio de Andrade y empezó a leer, zanjando de cuajo el debate y dejándonos sobrecogidos y maravillados. Aquello, sin duda, era poesía. Un poema, es, en última instancia, una historia que nos conmueve, cuestionando lo que sabemos y lo que sentimos, ofreciéndonoslo inefable y también, peligrosamente, empujándonos al abismo. Un poema es una oferta ambigua entre el Paraíso y el Averno, una promesa de conducirnos a Avalon atravesando la laguna Estigia, un beso acompañado de una puñalada. Todo eso y además una canción. Pero una canción es rima y ritmo, lamento y conjuro. Hay quien sabe escribirlas, sin dificultad, en su propio idioma. Jenaro es uno de esos afortunados. Yo no. De ahí mi elección del inglés, como coartada. Una elección afortunada, ya que la traducción al español es suya. Releer la historia de mi Ulises en los prístinos versos de su traducción, ha sido como recorrer de nuevo los paisajes que llevaron al griego desde las playas de Troya hasta las de su lejano hogar, escuchando, de nuevo, la voz de mi primo mayor.

JUAN JOSÉ GÓMEZ CADENAS

CONTENTS

Prólogo. La otra cara, por Clara Janés 7

Ghosts 12

Shadows 20

Nausicaa 24

Hades 28

Oath 32

Sacrifice 42

Arrival 48

The wasted years 54

Briseis 60

Patroclus 66

Hector 72

Achilles 78

Ciconians 80

Lotophags 84

Sirens 88

Telemachus 94

Polyphemus 98

Circe 106

To the sea! 114

Epilogue. Leaving Ithaca. A Reading, by Candelas Gala 129

Ulises revisited, *by Juan José López Cadenas* 145

ÍNDICE

Prólogo. *La otra cara*, por Clara Janés 7

Fantasmas 13

Sombras. 21

Nausicaa 25

Hades 29

Juramento 33

Sacrificio 43

Llegada 49

Los años baldíos 55

Briseida 61

Patroclo 67

Héctor 73

Aquiles. 79

Ciconios. 81

Lotófagos 85

Sirenas. 89

Telémaco 95

Polifemo. 99

Circe 107

¡Al mar!. 115

Epílogo. *Abandonando Ítaca. Una lectura*, por Candelas Gala . . 137

Ulises revisitado, por Juan José López Cadenas 149

Colección

A U R A

1. *El lector de Dostoyevski* · Ana Isabel Conejo

2. *Te robo los recuerdos* · Julia Conejo

3. *Laberintos* · MJ Romero

4. *Corazonar* · Verónica Durán

5. *Entre trenes* · Mar Sancho

6. *Maestros apócrifos* · Ana Isabel Conejo

7. *Cauces* · Antonia Álvarez Álvarez

8. *Volvamos a matarnos* · Reyes Liébana Blanco

9. *Cabeza de cisne sobre almohada floral* · Susana Barragués Sainz

10. *Poemario del deambular* · Berta L. Pichel Blanco

11. *Hipocampo* · Sara Otero del Amo

12. *Instrucciones para morir* · Rosa M. Martín

13. *Nominalismos* · Andrea Bernal

14. *Subasta de ojos* · Julia Conejo

15. *La donna del claqué (o no me nombres)* · MJ Romero

16. *Flores de sangre sobre la hierba* · Marta del Riego Anta

17. *Respirar escarcha* · Emma Prieto

18. *azar (+ no tanto)* · Aldo Sanz

19. *Tu hueco supraesternal* · Alba Flores Robla

20. *Descríbeme una piedra* · Pilar Antón

Primera edición:
enero de 2025

© Juan José Gómez Cadenas, 2025

© De sus respectivos textos: Clara Janés y Candelas Gala
© De la traducción: Jenaro Talens

© de esta edición: Eolas ediciones

www.eolasediciones.es

Dirección editorial: Héctor Escobar
Diseño y maquetación: Alberto R. Torices
Fotografía de cubierta: Jimmy Teoh
(pexels.com)

ISBN: 978-84-10057-81-4
Depósito Legal: LE 5-2025

AURA